Elsye Birkenshaw

Denken Sie sich schlank

pickup

Elsye Birkenshaw

Denken Sie sich schlank

Das Abnehmprogramm

Aus dem Amerikanischen übersetzt von
Giovanni Bandini und Ditte König

Die amerikanische Originalausgabe erschien unter dem Titel
Think Slim, Be Slim bei Woodbridge Press Publishing Company,
Santa Barbara, Kalifornien

Die Inhalte des Buches wurden von der Verfasserin nach bestem Wissen erstellt und mit größtmöglicher Sorgfalt geprüft. Sie bieten jedoch keinen Ersatz für eine kompetente medizinische Beratung. Weder Autor noch Verlag können für eventuelle Nachteile oder Schäden, die aus den im Buch gegebenen Hinweisen resultieren, eine Haftung übernehmen.

Bibliografische Information der Deutschen Bibliothek
Die Deutsche Bibliothek verzeichnet diese Publikation in der Deutschen Nationalbibliografie; detaillierte bibliografische Daten sind im Internet unter http://dnb.ddb.de abrufbar.

Umschlaggestaltung: ZERO Werbeagentur, München
unter Verwendung eines Motivs von FinePic
Redaktion: Annette Gillich
Produktion: Ortrud Müller
Satz: EDV-Fotosatz Huber/Verlagsservice G. Pfeifer, Germering
Druck und Bindung: Alcione, Trento
Printed in Italy

ISBN-10: 3-7205-2720-4
ISBN-13: 978-3-7205-2720-0

Inhalt

Ein neues
Selbstbild

Ihr Geist hält Sie gefangen!

Sie sind eine Gefangene, ein Gefangener Ihres eigenen Geistes! Er schränkt Ihre Bewegungsfreiheit ein, als ob Sie tatsächlich hinter Gittern säßen. Sie glauben es nicht? Dann überzeugen Sie sich jetzt sofort selbst davon!

Welche Erfahrungen haben Sie zum Beispiel mit Schlankheitskuren gemacht? Nehmen Sie normalerweise einige Wochen lang erfolgreich ab, nur um anschließend desto schneller wieder zuzunehmen? Erklären Sie seit Jahren, Sie müssten unbedingt abnehmen, und haben doch nie die Willenskraft aufbringen können, Ihren Entschluss in die Tat umzusetzen? Oder waren Sie bereits als Kind dick und haben es seitdem überhaupt nie geschafft abzunehmen?

Trifft auch nur eine dieser Enttäuschungen auf Sie zu, dann werden Sie mit mir übereinstimmen, dass Sie bis zu einem gewissen Grade geistig unfrei sind.

Aber das ist kein Grund zur Verzweiflung. Mit Hilfe eines besonderen Programms, das Experten für Sie entwickelt haben, können Sie sich aus diesem Gefängnis befreien. Sie können für den Rest Ihres Lebens ohne große Anstrengung und ohne jeglichen Aufwand an Willenskraft die Figur haben, die Sie sich schon immer wünschten!

Dafür müssen Sie Ihr Unterbewusstsein selbst neu »programmieren«. Ihr Selbstbildnis, das Sie zum jetzigen Zeitpunkt mit sich herumtragen, ist möglicherweise in erster Linie »dick«. Unsere Anleitungen werden Ihnen helfen, es in »schlank« zu verwandeln. Sie brauchen vorerst nicht einmal daran zu glauben, dass es *möglich* ist. Das Unterbewusstsein könnte man mit einer Tonbandkassette vergleichen, die ja auch völlig unabhängig von Ihrem Glauben auf eine ganz bestimmte Weise funktioniert: Wenn Sie eine alte Aufnahme mit einer neuen Information überspielen, wird dadurch die alte automatisch gelöscht und die neue aufgezeichnet. Genauso verhält es sich – bildlich gesprochen – mit Ihrem Unterbewusstsein.

INFO

Nur zwei Dinge sind für den Erfolg unabdingbar notwendig: Sie müssen die einzelnen Schritte, die wir für Sie in diesem Buch aufgezeichnet haben, genauestens befolgen. Und Sie müssen *beharrlich* sein, *selbst wenn Sie noch nicht vollkommen von der Sache überzeugt sind!*

Programmierungen aus der Kindheit

Machen Sie sich zuallererst Folgendes bewusst: In dem Augenblick, da man mit einer Diät anfängt, beginnt unweigerlich auch ein innerer Kampf. Der Wille abzunehmen muss sich gegen Konditionierungen (oder »Programmierungen«) des Unterbewusstseins behaupten, die oft aus der frühen Kindheit stammen. Sobald die Willenskraft erlahmt, gewinnen diese »bewährten« Programmierungen wieder die Oberhand.

Wenn wir verstehen wollen, warum unser Unterbewusstsein gerade so und nicht anders programmiert wurde, müssen wir erkennen, was uns von Kind an beigebracht wurde. Denn Ihre gegenwärtigen Gewichtsprobleme stehen in direktem Zusammenhang mit dem, was Ihnen während Ihrer Kindheit immer und immer wieder eingeredet wurde. Sobald Sie sich mit diesen Programmierungen eingehender beschäftigen, werden Sie auch verstehen, warum Sie zuweilen einen festen Entschluss dann doch nicht in die Tat umsetzen können oder womöglich sogar genau das Gegenteil davon tun.

INFO

Ihr Unterbewusstsein wird durch das geprägt, was Sie denken, glauben, fühlen.

Erinnern Sie sich nur daran, wie viele Gelegenheiten zur Konditionierung Ihrer Essgewohnheiten sich damals boten: gesellige oder festliche Ereignisse wie Picknicks, Partys oder Ausflüge – nicht zu vergessen Weihnachten und alle anderen Feiertage, die ja grundsätzlich mit üppigen Mahlzeiten verbunden sind. Vielleicht haben Ihnen Ihre Eltern auch bei jeder Gelegenheit gesagt: »Iss schön alles auf, dann wirst du groß und stark.« Oder: »Mach deinen Teller leer, denk an die hungernden Kinder in Indien!« Verhängnisvolle Suggestionen!

Jetzt fragen Sie sich bitte selbst: »Wie wurde *ich* als Kind programmiert? Stand jedes Vergnügen grundsätzlich mit Essen in Zusammenhang? Musste ich immer meinen Teller leer essen, egal wie satt ich schon war? Dachten meine Eltern, ein dickes Kind sei ein gesundes Kind, und versuchten mich deshalb ständig zu ›mästen‹?«

Lassen Sie Ihre Kindheit an

WICHTIG

Nehmen Sie ein Blatt oder Heft zur Hand und schreiben Sie, als einen ersten Schritt zur Neuprogrammierung Ihres Unterbewusstseins, alles auf, woran Sie sich im Zusammenhang mit Essen erinnern können – versuchen Sie, sich dabei möglichst weit in Ihre Kindheit zurückzudenken.

sich vorüberziehen. Versuchen Sie, sich alle mit Essen zusammenhängenden eigenen Erfahrungen sowie Gewohnheiten und Ansichten Ihres engsten Freundes- und Familienkreises ins Gedächtnis zu rufen. Versuchten Ihre Eltern jedes anfallende Problem durch reichliches Essen zu »bewältigen«? War das Essen Ausdruck des Wohlbefindens, wenn es keine Probleme gab? Da Essensgewohnheiten gewöhnlich familienspezifisch sind, werden Sie sich sehr wahrscheinlich selbst wieder erkennen, sobald Sie sich die entsprechenden Gewohnheiten Ihrer Eltern bewusst gemacht haben.

Ihr »Privatcomputer« – Ihre geistige Kraft

Sie, und nur Sie allein, können sich aus dem Gefängnis Ihres Geistes befreien. Das ist etwas, das Ihnen niemand abnehmen kann. Und es reicht zu diesem Zweck nicht aus, nur diese Zeilen zu lesen. Sie müssen die einzelnen Schritte oder Methoden, die in diesem Buch beschrieben werden, *erfahren*. Und nur Sie *selbst* können eine Erfahrung in sich geistig und psychisch Gestalt annehmen lassen.

Deshalb ist es von ausschlaggebender Bedeutung, dass Sie die *Macht des Geistes* als eine Tatsache akzeptieren. Dann können wir dazu übergehen, uns mit den *Ursachen* der Gewichtsprobleme zu beschäftigen – und nicht mehr nur mit deren Symptomen.

Viele Übergewichtige haben nur noch wenig Selbstbewusstsein. Sie erkennen nicht, dass sie durchaus die Macht hätten, ihrem Elend ein Ende zu bereiten. Doch wir alle tragen in unserem Kopf einen schier unbezahlbaren »Computer« mit uns herum, der nur darauf wartet, benutzt zu werden. Ich meine damit unseren Geist, unsere Seele: also die Gesamtheit all unserer bewussten, unter- und unbewussten psychischen Tätigkeiten und deren körperliche, neurologische Entsprechung. Im weiteren Verlauf dieses Buches werde ich dies in den meisten Fällen einfach als »Unterbewusstsein« bezeichnen.

Dieser »Privatcomputer« also wartet nur darauf, dass Sie ihn wahrnehmen und ihn sich zu Eigen machen. Sie müssen sich dieser ungeheuren geistigen Kraft in sich bewusst werden: dieser Fähigkeit, Ihr Handeln selbst zu bestimmen und genau das zu tun oder zu sein, was Sie wollen. Keine äußeren Umstände, wie auch immer sie beschaffen sein mögen, können Sie dann noch beherrschen; denn Sie haben alle Macht in sich selbst – und nur Sie selbst können sich dieser Macht bewusst werden und sich ihrer bedienen.

Ist Ihnen klar, was das bedeutet? Es bedeutet, dass Sie von dem Augenblick an, da Sie sich der ungeheuren Leistungsfähigkeit Ihres unbezahlbaren »Computers« bewusst geworden sind, Ihren Esszwang in einen unwiderstehlichen Wunsch nach einem schönen, schlanken und jugendlichen Körper umwandeln können! Nur vergessen Sie dabei niemals, dass *Sie selbst* den Entschluss dazu fassen müssen! Niemand auf der Welt, kein Arzt, kein Priester, keine Freunde, kein Ehemann, keine Ehefrau und keine Kinder können Ihnen das abnehmen. *Es liegt ganz allein bei Ihnen!*

Sechs einfache Bausteine

Untersuchungen über die Funktionen des Geistes haben ergeben, dass sechs einfache Techniken tatsächlich wahre Wunder bewirken können, *wenn sie nur konsequent angewandt werden.* So werden Sie ganz nach Wunsch abnehmen können und – ohne den geringsten Aufwand an Willenskraft – Ihr Idealgewicht anschließend auf unbegrenzte Zeit behalten.

Diese sechs Techniken sind die »Arbeitsmittel« zur Programmierung des Unterbewusstseins. Es handelt sich dabei um Bausteine, die einander ergänzen und teilweise erst einander ermöglichen.

- Die erste Anforderung lautet: *Lernen Sie sich selbst kennen!* Es ist unerlässlich, dass Sie sich selbst wirklich durchschauen. Sie müssen absolut ehrlich – ohne sich etwas vorzumachen – die Frage beantworten: Warum esse ich ständig zu viel?
- Zweitens müssen Sie sich ein *Ziel setzen*. Damit ist natürlich Ihr Idealgewicht gemeint.
- Ihr nächstes Hilfsmittel ist die *schöpferische Vorstellungskraft*: Es ist unbedingt erforderlich, dass Sie lernen, Ihre kreative Fantasie gezielt einzusetzen.
- Der vierte Baustein ist die *Spiegelbildtechnik*. Sie wird einen großen Teil der negativen Programmierungen der Kindheit wie auch Ihres Erwachsenenlebens löschen. Sie wird gleichzeitig Ihr Selbstbewusstsein und Ihr Selbstvertrauen stärken und damit Ihr Selbstbild grundlegend ändern. Dies ist eine wichtige Voraussetzung für jegliche Umprogrammierung des Unterbewusstseins.
- Fünftens müssen Sie lebensbejahend, aufbauend, kurz: *positiv denken*. Durch zielgerichtete affirmative Suggestionen schaffen Sie in sich Überzeugungen, die das Unterbewusstsein prägen. So können Sie Ihre negativen Programmierungen durch positive ersetzen.

Das sechste und wichtigste Mittel zum Erfolg ist die *Entspannung*: Das Unterbewusstsein kann man nur über einen Zustand absoluter Entspannung erreichen – einen anderen Weg gibt es nicht.

Ihr Gehirn hat Hunger

Noch einen weiteren Punkt gilt es bei der Programmierung des Unterbewusstseins zu beachten: Sie müssen es mit Informationen versorgen, damit es die jeweils richtigen Entscheidungen fällen kann. Die bisher einprogrammierten negativen bzw. falschen Informationen sollten also durch positive bzw. richtige neue ersetzt werden.

Beispielsweise wird das Hungergefühl von einem Appetit- und einem Sättigungszentrum aus gesteuert, die sich beide im Hypothalamus (einem Teil des Gehirns) befinden. Diese Zentren reagieren zum Teil auf Ihren Blutzuckerspiegel. Ist dieser niedrig, wird das Sättigungszentrum gehemmt und das Appetitzentrum aktiviert, welches daraufhin »Hunger« signalisiert: Verdauungssäfte fangen an zu fließen, vermehrte Speichelabsonderung tritt ein, der Magen beginnt zu knurren, und Sie wissen, dass Sie hungrig sind. Ist der Blutzuckerspiegel hingegen hoch, wird das Sättigungszentrum aktiviert, das Appetitzentrum gehemmt, und man fühlt sich satt.

Ein Beispiel für falsche und richtige Programmierung

Wir wollen nun schauen, wie der Körper auf eine *falsche* Programmierung Ihres Unterbewusstseins reagiert. Nehmen wir an, es ist drei Uhr. Das Mittagessen liegt schon einige Zeit zurück, und bis zum Abendessen dauert es noch ein paar Stunden. Der Zucker in Ihrem Blut ist teilweise schon abgebaut worden, und Sie verspüren einen gewissen Appetit. Ihre unterbewusste Programmierung gibt Ihnen nun zu verstehen, dass Sie sich nach einem Tässchen Kaffee und einem Stück Kuchen weit besser fühlen würden.

Der Kuchen besteht weitgehend aus Kohlehydraten – das heißt letztlich aus *Zucker*; Zucker aber gelangt besonders schnell ins Blut und auf diesem Weg zum Gehirn und in das Sättigungszentrum, welches daraufhin das Signal »Ich bin satt« aussendet. Gleichzeitig wird das Appetitzentrum gehemmt und produziert infolgedessen keine »Hungergefühle« mehr.

So weit, so gut. Der Haken dabei ist allerdings, dass Zucker – um vom Körper richtig aufgenommen werden zu können – erhöhte biochemische Reaktionen auslöst, die den Blutzuckerspiegel bereits nach kurzer Zeit wieder drastisch absinken lassen. Und das Ergebnis ist, dass Ihr Appetitzentrum – vielleicht schon lange vor dem Abendessen – erneut signalisiert: »Ich bin am Verhungern!« An diesem Beispiel können Sie deutlich erkennen, wie durch falsche Informationen (»bei Hunger am Nachmittag isst man Kuchen«), mit denen Ihr Unterbewusstsein programmiert wurde, auch die falschen körperlichen Reaktionen ausgelöst werden.

Lassen Sie uns jetzt sehen, wie sich genau die gleiche Situation auf Ihren Körper auswirkt, wenn Ihr »Computer« über die *richtigen* Informationen verfügt. Sie haben Ihr Unterbewusstsein also mit Fakten programmiert, die sich auf die gesunde Ernährung beziehen – haben ihm korrekte Informationen über Kalorien, Zucker, Proteine und so weiter geliefert. Jetzt stellen wir uns vor, es sei wieder drei Uhr nachmittags und Sie haben Hunger. Auch jetzt essen Sie. Doch Sie essen keine Süßigkeiten, sondern Proteine (also zum Beispiel Joghurt). Genau wie bei dem Stück Kuchen steigt Ihr Blutzuckerspiegel – nur sinkt er längst nicht so rasch wieder ab. Die positive Folge davon ist, dass Sie wahrscheinlich erst zur Abendessenszeit

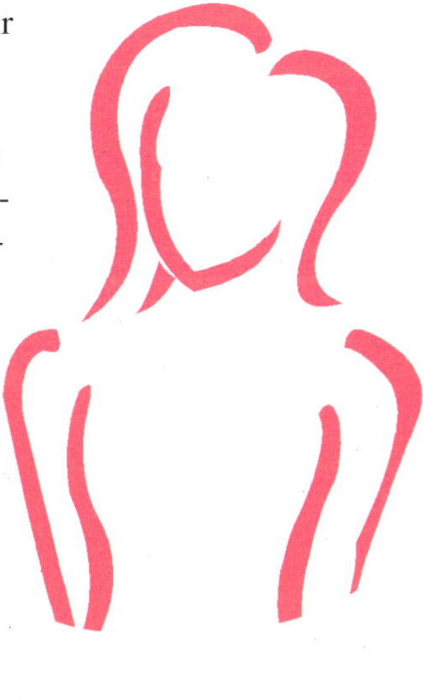

wieder Hunger bekommen und dann nur Ihre normale Portion essen.

WICHTIG

Vor Zucker und Alkohol müssen Sie sich ganz besonders in Acht nehmen! Beide bringen nämlich das Signalsystem von Appetit- und Sättigungszentrum völlig durcheinander: Zucker verlangt nach mehr Zucker und Alkohol nach mehr Alkohol!

Wie Sie Ihr Appetitzentrum beeinflussen können

Wenn Sie die folgenden fünf Punkte beachten, können Sie Ihr Appetitzentrum überlisten und dadurch wesentlich länger das Gefühl haben, satt zu sein:

1. Wenn Sie zwischen den Mahlzeiten Hunger bekommen, essen Sie ausschließlich proteinreiche Lebensmittel wie Käse, Joghurt, Eier und Fleisch.
2. Essen Sie langsam und kauen Sie gründlich, damit Sie nicht bereits mehr Kalorien als nötig zu sich genommen haben, wenn das »Ich-bin-satt«-Signal Sie erreicht.

3. Wenn Sie zwischen den Mahlzeiten (oder auch abends beim Fernsehen) unbedingt etwas knabbern müssen, dann probieren Sie es zum Beispiel mit Karotten, Stangensellerie, Äpfeln oder Vollkornbrot.
4. Gewöhnen Sie sich an natürliche und nahrhafte Speisen, die reich an Vitaminen und Mineralstoffen sind.
5. Verzichten Sie auf Nahrungsmittel, die viele Kohlehydrate enthalten, aber wenig Nährwert besitzen – wie zum Beispiel Nudeln, Weißbrot, Pommes frites.

Zu viele Kohlehydrate sind schädlich

Um bei Ihrem Körper die richtigen Reaktionen auslösen zu können, benötigt Ihr Unterbewusstsein noch weitere richtige Informationen. Zum Beispiel sollten Sie wissen, welche Wirkung reine Kohlehydrate auf Ihren Körper haben.

Wenn Sie sich hauptsächlich von Kohlehydraten ernähren, legen Sie damit buchstäblich Ihren Stoffwechsel lahm. Der Körper »weiß« nicht, was er mit dieser zusätzlichen Menge an überflüssiger reiner Stärke und Zucker anfangen soll. Er kann sie nicht verbrennen, und so lagert er sie einfach als überschüssiges Fett ab. Deshalb richten alle Nahrungsmittel, die hauptsächlich aus Kohlehydraten bestehen, so großen Schaden an Ihrer Figur an.

An oberster Stelle stehen hier alle Speisen, die aus weißem Mehl und weißem Zucker hergestellt werden. Diesen »überreinen« Produkten wurde nämlich alles genommen – Ballaststoffe, Vitamine, Spurenelemente und dergleichen –, was sie zu wertvollen Nahrungsmitteln hätte machen können. Dagegen können Sie alle Vollkornprodukte, Haferflocken oder Reis essen, die neben den Kohlehydraten auch eine Menge anderer wertvoller Nährstoffe enthalten.

Eine neue Einstellung zum Essen

Übergewicht ist also das direkte Ergebnis unserer falschen Ernährungsgewohnheiten. Gehen Sie daher zunächst einmal Ihrer falschen Einstellung zum Essen auf den Grund. Dann erst können Sie sich – gestützt auf die neuen Informationen, die Sie Ihrem Unterbewusstsein geliefert haben und weiterhin liefern werden – eine neue positive Haltung aneignen.

INFO

Da nicht alle Speisen den gleichen Nährwert haben, sollten Sie, zumindest solange Sie dieses Programm durchführen, zusätzlich ein Multivitaminpräparat einnehmen. In vielen von unseren heutigen Nahrungsmitteln fehlen außerdem die lebenswichtigen Spurenelemente.

Die sechs Bausteine

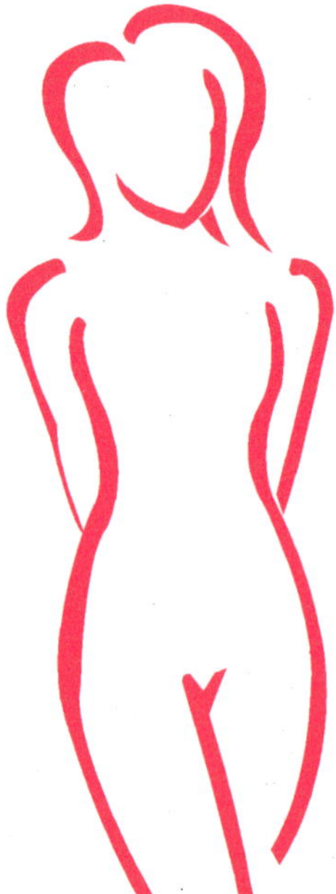

Lernen Sie sich selbst kennen

Die meisten Ärzte stimmen darin überein, dass bei der Fettleibigkeit eine Fülle von emotionalen Problemen eine Rolle spielt. Viele Übergewichtige haben nur wenig Selbstbewusstsein und ein negatives Selbstbild, was seine Ursache in frühen Prägungen hat. Selten essen sie nur, um ihren Körper zu ernähren. In den allermeisten Fällen essen sie, um bestimmte emotionale Bedürfnisse zu befriedigen. Dabei sind sie sich dieser Tatsache kaum bewusst oder wissen sogar überhaupt nichts davon, da viele dieser Bedürfnisse das Resultat bestimmter Ereignisse oder Prägungen aus ihrer Kindheit sind.

Bewusstmachung ist der Schlüssel zum Erfolg

Werden Sie sich *Ihrer* speziellen emotionalen Probleme bewusst! Dann haben Sie den Kampf schon halb gewonnen! Wenn Sie erst einmal herausgefunden haben, warum Sie diese unausgewogene Einstellung zum

Essen haben, werden Sie – mit Hilfe der weiteren fünf Bausteine – die negativen Gefühle, die Ihr Übergewicht verursacht haben, mühelos auslöschen können.

Die meisten unserer Studentinnen und Studenten werden sich ihrer mehr oder minder traumatischen Schlüsselerlebnisse während der Entspannungsübung bewusst (siehe Seite 63ff.). Eine außerordentlich dicke Studentin hatten beispielsweise während einer Entspannungspause ihr Schlüsselerlebnis: Sie sah sich selbst als kleines Mädchen bei irgendeinem Streit vor ihrer dünnen Tante stehen, gegen die sie eine tiefe Abneigung hegte. Sie hörte sich voller Wut schreien: »Wenn ich groß bin, will ich bestimmt nicht so aussehen wie du. Ich werde groß und dick!« Und so geschah es auch!

Sie, und nur sie ganz allein, hatte also in ihrer Jugend ihr Unterbewusstsein falsch programmiert: Sie hatte das Gegenteil von ihrer Tante werden wollen – die unglücklicherweise ausgesprochen dünn gewesen war. Sobald die Studentin die Ursache für ihr Problem herausgefunden hatte, konnte sie auch mit der notwendigen Umprogrammierung ihres Unterbewusstseins beginnen. Zum ersten Mal in ihrem Leben war sie dazu imstande, abzunehmen und anschließend auch schlank zu *bleiben.*

Wir können also sagen, dass die eigentliche Ursache für Fettleibigkeit in vielen Fällen ein frühkindlicher *Trugschluss* ist, der sich dem Unterbewusstsein eingeprägt hat und uns bis ins Erwachsenenalter hinein kontrolliert. Dieser bestimmende Gedanke ist in seiner kindlichen Logik unserem jetzigen Denken kaum zugänglich. Es ist daher nur selten möglich, durch Überlegung zur Lösung des Problems zu gelangen.

Mit Hilfe der in diesem Buch beschriebenen Entspannungsübungen aber öffnen Sie gleichsam die Pforten Ihres Unterbewusstseins und versetzen sich in einen für Erinnerungen aller Art besonders empfänglichen Zustand. Bilder, Gedanken und Empfindungen aus Ihrer näheren und ferneren Vergangenheit tauchen auf, und es ist dann nur eine Frage der Zeit, wann *die* Erinnerung, auf die es Ihnen am meisten ankommt, blitzartig in Ihrem Bewusstsein aufleuchtet.

Es liegt in Ihrer Hand

Eine der größten Errungenschaften der psychologischen Forschung ist die Erkenntnis, dass man nahezu jede nur mögliche Situation im Griff haben und absolut Herr über seinen Geist sein kann. Sobald Sie sich dessen wirklich bewusst geworden sind, haben Sie den Kampf gewonnen: *Dann haben Sie sich aus dem Gefängnis Ihres Geistes befreit!*

Mit Hilfe der Entspannungsübungen werden Sie herausfinden, dass Sie selbst – durch die bestimmte Programmierung Ihres Unterbewusstseins – letztlich die

Ursache für Ihre Gewichtsprobleme sind. Sobald Sie dies erkannt haben, sind Sie auch in der Lage, den Prozess des ständigen Zunehmens umzukehren, einen vollkommenen Körper zu erlangen und für immer zu behalten. Sie sind dann zwar immer noch die Ursache, die Wirkung ist jetzt aber die Verwirklichung Ihres Idealkörpers dank der neuen positiven Programmierung Ihres Unterbewusstseins. Auf ebendiesem Wissen von Ursache und Wirkung bestimmter geistiger Prozesse beruht der große Erfolg unseres Programms.

Der Körper gehorcht dem Geist

Als Kind haben Sie unbesehen fast alles geglaubt, was man Ihnen erzählte. Denn damals waren Sie noch längst nicht in der Lage, zwischen Wahrheit und Lüge, richtig und falsch zu unterscheiden. Hört deshalb ein Kind wiederholt von sich, es sei »böse«, kann es – ohne sich dessen bewusst zu werden – leicht zu der weit übertriebenen Überzeugung gelangen, es sei zu nichts nutze und völlig wertlos.

Und eben weil Sie als Kind fast alles geglaubt und unbewusst oft noch aus einer Mücke einen Elefanten gemacht haben, tragen Sie jetzt in Ihrem »Computer« so viel gespeicherten »emotionalen Unrat« mit sich herum. Ich sage ausdrücklich »Unrat«, weil vieles von dem, was Ihnen eingeredet und in Ihr Unterbewusstsein einprogrammiert wurde, negativ ist. Es verschafft Ihnen Depressionen, Minderwertigkeitskomplexe und das Gefühl, nicht geliebt zu werden. Es sind einprogrammierte destruktive Lügen, die solche Emotionen bei Ihnen bewirken – sie gehören auf den Müll!

In Wirklichkeit stecken Sie nämlich voller Kraft, Kreativität und schöpferischer Energie; nur haben Sie bis jetzt von diesem Potenzial, das in Ihnen schlummert, wahrscheinlich nicht die geringste Ahnung gehabt. *Ihr Geist kontrolliert grundsätzlich immer Ihren Körper.* Worauf es jetzt ankommt, ist, dass *Sie* die Kontrolle über Ihren Geist übernehmen!

Mögliche Ursachen für Übergewicht

Um die wahre Ursache für Ihr Gewichtsproblem herauszufinden, könnte sich eine Liste aller *möglichen* Ursachen als hilfreich erweisen. Deshalb haben wir hier die – unserer Erfahrung nach – häufigsten Ursachen für Sie zusammengestellt. Kreuzen Sie jede an, die Ihrer Ansicht nach zu Ihrem Übergewicht beigetragen haben könnte. Wenn Ihnen darüber hinaus weitere Punkte einfallen, fügen Sie sie einfach hinzu. Seien Sie bei dieser »Gewissensprüfung« bitte so ehrlich wie möglich!

1. Falscher Hunger (nach drei vollen Mahlzeiten fühlen Sie sich immer noch nicht »ausgefüllt«). ☐
2. Knabbern beim Fernsehen oder »Betthupferl«. ☐
3. Zwanghaftes Aufessen von Resten. ☐
4. Nicht genug sportliche Betätigung. ☐
5. Alkohol oder Süßigkeiten. ☐
6. Zu viele »unnatürliche« Speisen wie fette Soßen, Backwaren oder Hamburger. ☐
7. Essen aus Einsamkeit, Mangel an Zuwendung oder als Fluchtmechanismus. ☐
8. Falsche Reihenfolge der Mahlzeiten: also zum Beispiel kein Frühstück, leichtes Mittagessen und schweres Abendessen. ☐
9. Hastiges Essen, Mahlzeiten unter Zeitdruck oder Stress. ☐
10. Mangel an Vitaminen und Mineralstoffen. ☐
11. Störung der Drüsenfunktionen, wie zum Beispiel niedriger Blutzucker oder Unterfunktion der Schilddrüse. ☐
12. ______________________________

    ____

(Fügen Sie hier weitere Ursachen hinzu)

Im Folgenden werden die einzelnen Punkte ausführlich erörtert.

1. *Falscher Hunger*: Weil viele unserer heutigen Nahrungsmittel völlig ohne »Saft und Kraft« sind, müssen Sie sehr viel mehr davon essen, um Ihren Bedarf an lebenswichtigen Vitaminen und Mineralien decken zu können. Experimente haben gezeigt, dass auch Tiere, die mit solch kraftloser, »leerer« Nahrung gefüttert werden, einen falschen Hunger entwickeln und daraufhin weit mehr essen, um die Bedürfnisse ihres Körpers befriedigen zu können. Zum Beispiel sättigt und nährt weißes Brot lange nicht im selben Maße wie Vollkornbrot.

INFO

Interessanterweise werden Durstgefühle oft fälschlich als Hungergefühle interpretiert. Sorgen Sie deshalb immer dafür, dass Sie kalorienarme Getränke im Haus haben. Wenn Sie dann Appetit verspüren, versuchen Sie es erst einmal mit Trinken. Sie werden zu Ihrer Überraschung feststellen, dass Sie in neun von zehn Fällen anschließend nicht mehr »hungrig« sind.

2. *Knabbern beim Fernsehen oder »Betthupferl«*: Wenn Sie nach dem Abendessen unbedingt noch

etwas knabbern müssen, versuchen Sie es doch einmal mit rohem Gemüse oder auch Äpfeln anstelle von Kartoffelchips oder Salzstangen. Oft geht es dabei nur um das *Kauen*, nicht um das konkrete Essen.

3. *Zwanghaftes Aufessen von Resten*: Wenn Sie es nicht ertragen können, dass Essensreste weggeworfen werden und deswegen alles bis auf den letzten Krümel aufessen »müssen«, ob Sie nun Hunger haben oder nicht – dann wurden Sie höchstwahrscheinlich als Kind entsprechend programmiert. »›Man‹ wirft kein Essen weg!« hieß es wohl. Oder: »Denk an die hungernden Kinder in Indien!« Machen Sie sich bewusst: Reste kann man auch aufwärmen, auf den Kompost geben oder dem Hund damit eine Freude machen. Programmieren Sie sich um!
4. *Nicht genug sportliche Betätigung*: Wir scheinen zu einer »sitzenden« Nation geworden zu sein: wir sitzen im Büro, beim Essen, im Auto, vor dem Fernseher, im Fußballstadion und im Kino. Wir bewegen uns schlicht und einfach viel zu wenig. Damit Sie wieder ein richtiges Verhältnis zu Ihrem eigenen Körper und seinen Bedürfnissen bekommen, sollten Sie ihn etwas mehr bewegen. Aber keine Angst: Ich habe nicht vor, Sie jetzt zu Hunderten von Kniebeugen oder Liegestützen zu verdonnern! Es kommt nur darauf an, dass Sie *regel-*

mäßig die *richtigen* Übungen ausführen, dann werden Ihre Muskeln straffer und bleiben auch künftig fest und voller Spannkraft. (Auf Seite 42f. finden Sie die Beschreibungen dreier kurzer, aber sehr effizienter Übungen.)

5. *Alkohol und Süßigkeiten*: Alle nicht naturgemäßen Süßigkeiten enthalten viele Kalorien und im Allgemeinen sehr wenig Nährwert. Sie erzeugen außerdem »falschen« Hunger, weil sie – wie wir schon gehört haben – das Appetitzentrum durch vorzeitiges Senken des Blutzuckerspiegels bereits kurz nach dem Essen erneut aktivieren. Versuchen Sie es deshalb mit kalorienarmen Getränken (etwa naturreinen Säften), wenn Sie Lust auf Süßes bekommen. Sollte das nicht helfen und Sie Ihr Verlangen nicht bezähmen können, dann kaufen Sie bitte Diabetikersüßigkeiten, die ohne Zucker hergestellt werden.

   Alkohol enthält ebenfalls sehr viele Kalorien, und er kann ebenso wie Zucker das Appetitzentrum »grundlos« aktivieren: Nicht umsonst werden zu Wein und Bier gern Käsespießchen oder Knabbersachen gereicht.

6. *Zu viele unnatürliche Speisen*: Wenn Sie eine besondere Vorliebe für verschwenderische Desserts, Kuchen, Pasteten, Törtchen oder dicke Soßen haben, dann bedenken Sie bitte, dass alle diese Speisen »unnatürlich« sind und wenig Nährstoffe,

dafür aber jede Menge Kalorien enthalten. Die Natur bringt eine solche Vielfalt an gesunden, vitaminreichen Nahrungsmitteln hervor, dass diese künstlichen Produkte wirklich weitgehend von der Speisekarte gestrichen werden und durch Obst, Gemüse oder Salate ersetzt werden könnten und sollten!

Es gibt außerdem ausgesprochene »Kraftnahrungen«, die Ihnen ein überdurchschnittliches Quantum an Energie, Widerstandskraft und Vitalität schenken. Es handelt sich dabei um Substanzen, deren Nährwert – gemessen an den Kalorien, die sie enthalten – wesentlich höher ist als bei den meisten anderen Nahrungsmitteln. Sie können alle oder doch zumindest einige von ihnen problemlos Ihren täglichen Speisen beifügen:

- Bierhefe
- Joghurt
- Leber
- Lezithin
- Sonnenblumenkerne
- Weizenkeime
- Zuckerrohrmelasse

7. *Essen aus Einsamkeit*: Viele Menschen essen zu viel und zu oft, um unerfreuliche Lebensumstände zu kompensieren und ihnen, zumindest vorübergehend, zu entfliehen. Für eine unserer Kursteilnehmerinnen wurde das Essen – als etwas »Stabi-

les« – unbewusst zu einem Gegengewicht zur völligen Instabilität ihres Familienlebens. Jeden Tag hing der Hausfrieden von den ständig wechselnden Launen ihres Ehemannes ab. Da sie selbst außerordentlich leicht aus dem Gleichgewicht gebracht werden konnte, klammerte sie sich an das Essen als an das einzig »Sichere« in ihrer unsicheren Welt. Einem anderen Studenten diente das Essen als Fluchtmechanismus: Er wollte wenigstens für kurze Zeit seiner ewig nörgelnden Mutter entgehen!

Wie wir aus Erfahrung wissen, ändern Übergewichtige in der Regel ihr Essverhalten ganz beträchtlich, sobald sie die Ursache für ihre Esslust herausgefunden und analysiert haben. Außerdem kann die Ausübung eines Hobbys oder einer Sportart zu einem Ersatz für das übermäßige Essen werden.

8. *Falsche Reihenfolge der Mahlzeiten*: Wie oft gehen Sie ohne Frühstück zur Arbeit, nehmen mittags nur etwas Kleines zu sich und essen abends dann erst richtig? In unserer heutigen Zeit ist dieses Essverhalten leider nicht die Ausnahme, sondern schon fast die Regel. Eine Studentin erzählte, in ihrer Familie sei es Sitte gewesen, am Morgen ordentlich zu frühstücken, mittags die Hauptmahlzeit einzunehmen und am Abend nur noch eine Kleinigkeit zu essen. Die Folge davon war, dass

niemand in ihrer Familie Übergewicht hatte. Als sie dann nach ihrer Heirat die Hauptmahlzeit auf den Abend verlegte, weil ihr Mann erst spät nach Hause kam, nahm sie in kurzer Zeit erheblich zu. Sobald sie aber die Reihenfolge der Mahlzeiten wieder geändert hatte, verlor sie auch rasch ihr Übergewicht.

9. *Hastiges Essen*: Gönnen Sie sich für Ihre Mahlzeiten etwas mehr Muße! Gerade in unserer heutigen hektischen Zeit voller Stress und Anspannung sollten Sie sich in den Essenspausen nicht hetzen lassen: Ihr Körper wird es Ihnen danken! Gewöhnen Sie sich also möglichst an, langsam zu essen und gründlich zu kauen. So kommen nicht nur Ihre Geschmacksknospen auf ihre Kosten – auch die (uns allen angeborenen und natürlichen) Kaugelüste werden dadurch befriedigt.
10. *Mangel an Vitaminen und Mineralstoffen*: Um Ihrem Körper eine gesunde und ausgewogene Ernährung zu garantieren, sollten Sie meines Erachtens unbedingt Vitaminpräparate einnehmen – selbst dann, wenn Sie keine Diät befolgen! Denn zum einen geht durch zu langes Kochen dem Gemüse ein hoher Prozentsatz an lebenswichtigen Vitaminen verloren, zum anderen wird Ihr Körper fast ununterbrochen bestimmten Störungen ausgesetzt, die eine optimale Verwertung der Nahrung verhindern. Kaufen Sie jedoch *ausschließlich na-*

türliche Präparate! Denn die Wirkung synthetisch hergestellter Vitamine reicht bei weitem nicht an die Wirkung der natürlichen heran.

11. *Störung der Drüsenfunktion*: Glücklicherweise sind Drüsenfunktionsstörungen als Ursache für Fettleibigkeit die Ausnahme. Dennoch sollten wir nicht außer Acht lassen, dass eine Schilddrüsenunterfunktion eine richtige Nahrungsverwertung verhindert. Sollten Sie also den begründeten Verdacht hegen, dass Ihr Stoffwechsel gestört ist, dann suchen Sie einen Facharzt auf, und lassen Sie sich gründlich untersuchen.
12. *Weitere mögliche Ursachen*: Wahrscheinlich findet sich auch die Ursache für *Ihr* Übergewicht bei den eben genannten elf Punkten. Sollte dies jedoch nicht der Fall sein, dann versuchen Sie mit Hilfe der Entspannungsübung (siehe Seite 64ff.) herauszufinden, wo Ihr persönliches Problem liegt. Denn vergessen Sie nicht: Sobald Sie die Ursache für Ihr Übergewicht kennen, haben Sie den Kampf schon fast gewonnen!

Drei effiziente Übungen

Die drei folgenden Übungen sind ein ausgezeichnetes Training für Ihre Muskeln und erfordern doch nur einige wenige Minuten täglich!

1. *Handtuch-Übung*: Nehmen Sie nach dem täglichen Baden, Waschen oder Duschen ein Handtuch, legen Sie es sich auf die Schultern und spannen Sie es mit beiden Händen hinter Ihrem Nacken. Ziehen Sie kräftig an beiden Enden und leisten Sie einige Sekunden lang mit der Nackenmuskulatur Widerstand. Lassen Sie das Handtuch jetzt über Ihren Rücken bis zu den Lenden gleiten, und ziehen Sie wieder mit beiden Händen. Stemmen Sie sich gleichzeitig mit der Bauch- und Beckenmuskulatur – so fest Sie können – dagegen. Stellen Sie sich anschließend mit beiden Füßen auf das Handtuch, nehmen Sie die beiden Enden und ziehen Sie, während Ihre Fußballen das Handtuch nach unten drücken. Üben Sie es dann noch einmal mit jedem Fuß einzeln.

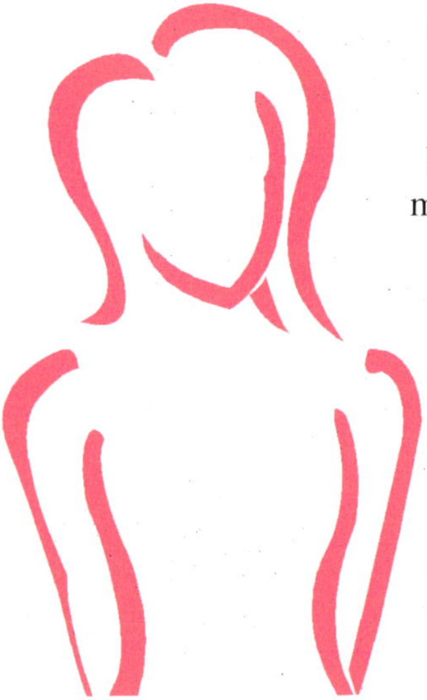

2. *Korsett-Übung*: Wenn Sie wirklich nur für eine der drei Übungen regelmäßig Zeit haben, dann wählen Sie diese!

Ein straffes Muskel-»Korsett« stützt alle lebenswichtigen Organe im Unterleib. Und die folgende kleine Übung genügt, um Ihren

Muskeln in kurzer Zeit erheblich mehr Spannkraft zu verleihen.

Spannen Sie also einmal pro Tag Ihre Bauchmuskeln an, so fest Sie können! Ziehen Sie dazu den Bauch sechs Sekunden lang so weit ein, wie es Ihnen möglich ist: Lassen Sie Ihre »Bauchdecke das Rückgrat berühren«! Es ist wissenschaftlich erwiesen, dass eine einzige solche Kontraktion – regelmäßig einmal am Tag durchgeführt – die Spannkraft der Muskeln in einer Woche um 6 Prozent erhöht, in elf Wochen sogar um 66 Prozent. Mit nur dieser einen – wirklich extrem kurzen – Übung werden Sie also schon eine Menge für eine schmale Taille, schlanke Hüften und einen flachen Bauch tun und außerdem Ihre Körperhaltung verbessern können!

3. *Seilhüpfen*: Eine der besten Übungen, um nahezu alle Muskeln Ihres Körpers zu trainieren, ist das Seilhüpfen. Beginnen Sie mit 25 Sprüngen am ersten Tag. Steigern Sie sich dann am zweiten und dritten Tag auf 50 Sprünge und arbeiten sich dann allmählich möglichst auf 200 Sprünge hoch. Voraussetzung dafür ist allerdings, dass Sie in einer guten gesundheitlichen Verfassung sind oder Ihr Arzt Ihnen eine solche körperliche Beanspruchung ausdrücklich erlaubt hat.

Ein Ziel setzen

Ihr Unterbewusstsein – dieser wirklich einzigartige, unbezahlbare Computer – besitzt die Macht, Ihr Gewicht zu kontrollieren. Aber Sie können dieses Unterbewusstsein nur auf *eine* Weise aktivieren und für sich arbeiten lassen: Sie müssen sich ein *Ziel setzen*, und Sie müssen es *aufschreiben*. Denn ein Ziel wird erst dann wirklich zu *Ihrem* Ziel, wenn Sie es aufgeschrieben und damit fest in Ihrem Unterbewusstsein verankert haben.

Vielleicht fragen Sie an dieser Stelle: »Warum muss man sich denn, um abzunehmen, ausdrücklich ein Ziel setzen? Ich weiß wirklich sehr gut, dass ich abnehmen *will*! Wozu dann dieser Blödsinn?« Auf diese Frage gibt es nur eine ganz klare Antwort: Sie müssen sich ein Ziel setzen, weil wir Menschen von Natur aus immer ein Ziel vor Augen haben wollen und müssen, um zufrieden leben zu können. Ob es nun ein Auto ist, ein Haus oder eine große Reise, auf die wir hinarbeiten, eine Karriere, Kinder oder einfach mehr Geld: Wir alle haben Ziele, für die wir leben! Kennen Sie nicht auch dieses unbestimmte Gefühl der Leere und der inneren Unzufriedenheit ohne greifbare Ursache? Oft ist der Grund dafür ganz einfach der, dass man irgendein bestimmtes Ziel erreicht, sich aber noch kein neues gesteckt hat. Erst ein Ziel gibt Ihrem Leben Inhalt, Sinn und Befriedigung!

Das Ziel klar formulieren

Warum muss man sich ein bestimmtes Gewicht zum Ziel setzen? Weil dieses bestimmte Gewicht der Zielpunkt ist, auf den Sie zustreben. Sie haben ja auch ein bestimmtes Ziel vor Augen, wenn Sie in den Urlaub fahren. Sonst würden Sie einfach herumfahren und nur zufällig nirgendwo ankommen. Genauso ist es mit Ihrem Abnehmen. Wenn Sie sich kein bestimmtes Ziel setzen – also ein bestimmtes Gewicht –, dann werden Sie höchstwahrscheinlich auch nicht ein einziges Pfund abnehmen. So und nicht anders funktioniert nun einmal die Psyche!

Was ist also die logische Vorgehensweise bei der Zielsetzung? Als Allerallererstes müssen Sie natürlich entscheiden, wie viel Sie wiegen wollen und wie viel Zeit Sie dazu benötigen werden, die entsprechenden Pfunde abzunehmen. Um dieses zukünftige Datum realistisch festsetzen zu können, müssen Sie jedoch in der Lage sein, sich selbst richtig einzuschätzen. Und damit kommen wir zurück zu unserem ersten großen Baustein: Lernen Sie sich selbst kennen!

Analysieren Sie also Ihre Gefühle und Erinnerungen. Finden Sie die Ursache für Ihre Gewichtsprobleme heraus. Beantworten Sie offen und ehrlich die Frage, warum es Sie beispielsweise so sehr nach Süßigkeiten verlangt: Überessen Sie sich, weil es Ihnen einfach schmeckt – oder vielleicht aus Lebensangst oder weil

Sie sich allein und verlassen fühlen? Oder aus welchem Grund sonst?

Wenn Sie sich jetzt diese Frage stellen und nicht sofort eine klare Antwort darauf finden können, dann werfen Sie nicht gleich die Flinte ins Korn! Sie werden in einem späteren Kapitel noch eine Entspannungsübung lernen, die es Ihnen ermöglicht, Ihrem Problem wirklich auf den Grund zu gehen. Je mehr Sie es dann lernen, sich zu entspannen, desto mehr von den bislang in Ihrem Unterbewusstsein »aufbewahrten« Erinnerungen werden auch in Ihr Wachbewusstsein gelangen. Und eines Tages werden Sie die Antwort ganz einfach *wissen*!

Sobald Sie die Ursache für Ihr Gewichtsproblem herausgefunden haben, können Sie wahrscheinlich auch einschätzen, wie lange Sie brauchen werden, um Ihr Idealgewicht zu erreichen. Dann sind Sie imstande, Ihr Ziel klar zu formulieren.

In drei Schritten zum Idealgewicht

Der Weg zum Ziel erfolgt in verschiedenen Schritten, deren Reihenfolge Sie unbedingt einhalten sollten. Durch eine solche *richtige* Vorgehensweise setzen Sie nämlich ein Gesetz in Kraft: das »Gesetz der Zielsetzung«. Dieses funktioniert wie jedes andere »Naturgesetz«: Wenn Sie sich strikt an die Regeln halten, funktioniert es absolut immer genau gleich, und Sie werden somit *immer* Ihr Ziel erreichen!

Es hat sich erwiesen, dass es einfacher ist, ein »Gewichtsziel« in drei Stufen aufzuteilen – also in ein kurzfristiges, ein mittelfristiges und ein langfristiges Ziel. Als kurzfristiges Ziel beschließen Sie beispielsweise, zwischen fünf und zehn Pfund in etwa zehn Tagen abzunehmen; als mittelfristiges, in der Hälfte der insgesamt veranschlagten Zeit die Hälfte Ihrer überflüssigen Pfunde zu verlieren; als langfristiges Ziel sodann, Ihr Idealgewicht zu erreichen.

INFO

Je nachdem, wie viele Pfunde Sie abnehmen wollen, sollten Sie für die Verwirklichung des langfristigen Zieles wenigstens einen Monat und höchstens ein oder zwei Jahre veranschlagen. Aber das sind nur allgemeine Richtwerte: Letztlich können nur Sie selbst entscheiden, wie lange Sie brauchen werden, Ihr Idealgewicht zu erreichen.

Ein Bild von Ihrem Idealkörper

Die nächste Frage lautet natürlich: »Wie erreiche ich mein Idealgewicht? Wie fange ich es an, mein Unterbewusstsein umzuprogrammieren?«

Nun, als Allerersten müssen Sie den *wirklich starken Wunsch* haben, abzunehmen und einen idealen Körper zu erlangen. Doch da Sie dieses Buch lesen, dürfte diese Voraussetzung wohl bereits erfüllt sein.

Als Nächstes müssen Sie Ihr »Zielgewicht« festsetzen. Doch es muss *Ihr* Ziel sein, nicht das Ihres Mannes beziehungsweise Ihrer Frau oder Ihrer Kinder. Es muss *ganz allein Ihr Ziel* sein!

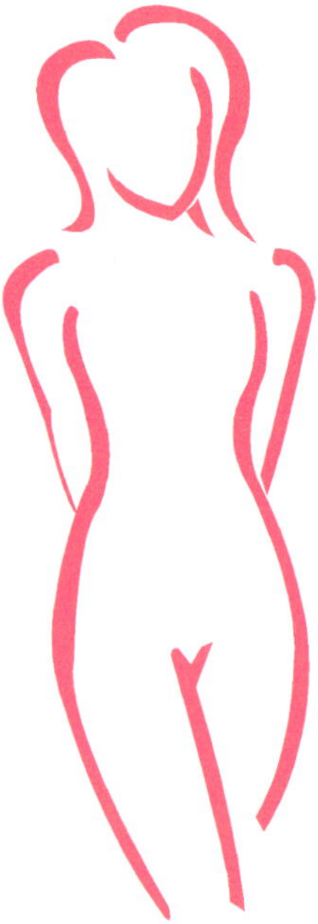

Schreiben Sie Ihr Idealgewicht und Ihr kurz-, mittel- und langfristiges Ziel auf und kleben Sie unter diese Zahlen ein älteres Bild von sich selbst, auf dem Sie die ideale Figur haben, die Sie jetzt wiedererlangen möchten. Wenn Sie kein passendes Bild von sich besitzen, dann können Sie etwas tun, das zwar albern klingt, aber sehr gut funktioniert: Blättern Sie eine Illustrierte durch, bis Sie ein Foto von jemandem finden, dessen Figur genau Ihren Wünschen entspricht, und schneiden Sie es aus. Nur überkleben Sie den Kopf mit einem Foto Ihres eigenen Gesichtes!

Ein solches Bild ist deshalb so wichtig für unser Programm, weil es Ihre kreative Vorstellungskraft anregt. Sie können sich dadurch sehr viel leichter ausmalen, wie Sie selbst aussehen werden, wenn Sie unser Programm abgeschlossen haben. Dieses Bild bedeutet eine wirkliche, konkrete Ermutigung und einen ständigen Ansporn!

Mein Zielgewicht

Beachten Sie, dass die Formulierung Ihrer Wünsche – des kurz-, mittel- und des langfristigen Gewichtszieles – affirmativ, also bejahend, und in der Gegenwartsform gehalten ist. Denn erfahrungsgemäß behindern verneinende oder in der Zukunftsform gehaltene Inhalte die Wirkung jeglicher Suggestion. Die stärkste Wirkung entfalten bildhafte Suggestionen, also Vorstellungsbilder; für diese ist das Unterbewusstsein besonders empfänglich. Deshalb habe ich Ihnen geraten, Ihr Idealkörper-Bild zu fixieren.

Nehmen Sie also ein Blatt oder Heft zur Hand und tragen Sie dort nach folgendem Muster Ihren Namen, die genauen Datumsangaben und Ihr Gewicht ein:

Ich, ...,

wiege jetzt ....

Am ....

(Datum des kurzfristigen Zieles)

wiege ich ....

Am ....

(Datum des mittelfristigen Zieles)

wiege ich ....

Mein Idealgewicht:

Am ....

(Datum des langfristigen Zieles)

wiege ich ....

Darunter kleben Sie das Foto mit Ihrer Idealfigur: Für den Rest Ihres Lebens können Sie die ideale Figur haben, die Sie sich schon immer wünschten!

Die Spiegelbildtechnik

Nun wissen Sie bereits eine ganze Menge über die Funktionsweise Ihres Geistes – und wissen auch, dass nur Sie selbst sich aus dem »Gefängnis falscher Programmierung« befreien können: Denn nur Sie ganz allein können sich bewusst dazu entschließen!

Wir setzen voraus, dass Sie – da Sie dieses Buch lesen – den notwendigen Entschluss bereits gefasst haben. Wir können Ihnen nun erklären, *wie* Sie sich befreien können. *Handeln* müssen Sie jedoch selbst, denn keine Theorie der Welt kann Ihnen die Praxis ersetzen! Lassen Sie uns also mit der Umprogrammierung Ihres Unterbewusstseins beginnen, damit Sie möglichst bald Ihre Traumfigur erhalten und dann für den Rest Ihres Lebens auch behalten können!

Suggestive Affirmationen

Die Ausführung der Spiegelbildtechnik ist denkbar einfach, und doch ist die Wirkung schier unglaublich: Sie werden durch diese Technik drei Viertel Ihrer früheren negativen Programmierungen löschen und sie – mit Hilfe bildhafter suggestiver Affirmationen – durch positive ersetzen. Sie werden außerdem erkennen, welche Macht all die Gedanken und Worte besitzen, die Sie Tag für Tag hegen und gedankenlos aussprechen!

Die Spiegelbildtechnik verfolgt also in erster Linie den Zweck, Ihnen Ihr verloren gegangenes Selbstbewusstsein zurückzugeben und Ihnen dadurch ein neues positives Selbstbild zu verschaffen: das Bild von sich, das Sie in Ihrem tiefsten Inneren mit sich herumtragen, so, wie Sie sich selbst sehen.

Wahrscheinlich wissen Sie selbst gut genug, wie sehr sich dieses Selbstbild zuweilen von dem Bild unterscheidet, das Sie nach außen hin zeigen oder zu zeigen versuchen. Die meisten von uns wollen bei ihren Mitmenschen einen bestimmten Eindruck von sich erwecken, einen bestimmten Charakter darstellen, mit dem sie in Wirklichkeit oftmals nur wenig Ähnlichkeit haben.

Andere Menschen haben Ihr Selbstbild mitgeformt

Ihr jetziges Selbstbild ist nicht allein Ihr Werk: Jeder Ihrer näheren Verwandten und Freunde trug wissentlich oder unwissentlich seinen Teil dazu bei. Wie wir bereits besprochen haben, halten kleine Kinder alles für wahr, was man ihnen erzählt. Erst ab einem gewissen Alter entwickeln sie die Fähigkeit, Gehörtes zu beurteilen und gegebenenfalls zurückzuweisen. Wir alle wurden also in unserer frühen Kindheit höchstwahrscheinlich mit einer Menge negativer und falscher Aussagen programmiert, die wir damals glaubten – und deshalb auch meist bis zum heutigen Tag für wahr halten.

Neugeborene Babys sind im Allgemeinen von Natur aus mit allen Möglichkeiten für ein makelloses Selbstbild ausgestattet. Dieses »Charakterpotenzial« wird jedoch im Laufe der Entwicklung immer weiter beeinträchtigt und oftmals regelrecht verschüttet. Bei jedem kleineren oder größeren Fehler – wie eine zerbrochene Vase oder ein Riss in der Hose – ist das Kind »böse« oder »ungezogen« und wird im schlimmsten Fall mit Liebesentzug bestraft. Das Kind merkt sich daraufhin als Wahrheit: »Ich bin böse« – und schon ist sein Selbstbild um eine Schramme reicher. Hätte stattdessen die Mutter oder der Vater freundlich mit dem Kind geredet, es in ruhigem Ton aufgefordert, künftig besser aufzupassen, wäre das Selbstwertgefühl des kleinen Wesens nicht angetastet worden.

Vielleicht waren Sie auch ein niedliches strammes Baby, und Ihre Eltern oder Großeltern nannten Sie des Öfteren liebevoll »Pummelchen«. Da Sie von deren Zuneigung überzeugt waren, verinnerlichten Sie dieses »Pummelchen« als wahr und richtig. Sie blieben also ein Pummelchen, weil es erstens wahr und zweitens richtig ist – ein von Autoritätspersonen gefälltes »Urteil«, an das man sich halten muss, um *gut* zu sein.

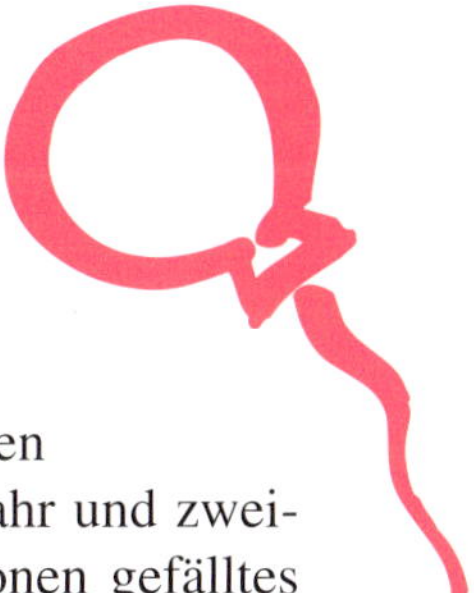

Das Selbstbild der allermeisten von uns wurde nach und nach in dieser und ähnlicher Weise von anderen Menschen vorgezeichnet und negativ gefärbt. Das Resultat ist sehr oft mangelndes Selbstwertgefühl, gepaart mit innerer Unsicherheit und geringem Selbstvertrauen.

Selbstbewusstsein durch die Spiegeltechnik

Seien Sie sich dessen bewusst, dass Fettleibigkeit nur eine *Wirkung* ist: die Wirkung eines falschen Bildes, das Sie in Ihrem Unterbewusstsein gespeichert haben. Erkennen Sie, dass Sie es mit einem *Zerrbild* zu tun haben – auch wenn es Ihnen im Augenblick als die Wirklichkeit erscheinen mag – und nicht mit Ihrem »wahren Selbst«, das mit allen Anlagen zur Vollkommenheit ausgestattet ist!

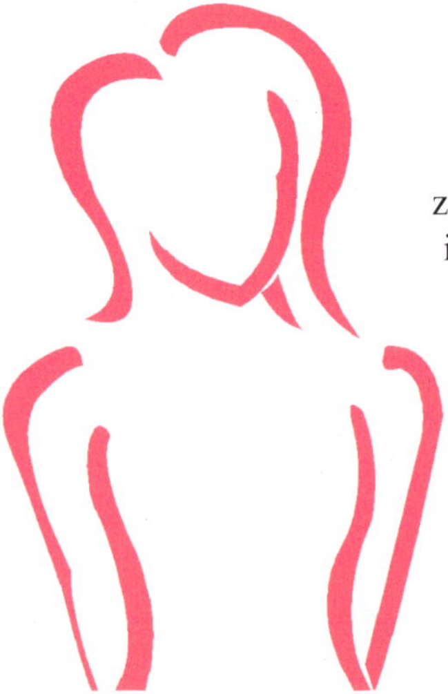

Wenn Sie jetzt geistig ein »dickes« Bild von sich haben, sollten Sie unbedingt damit anfangen, Ihr Selbstwertgefühl zu stärken und Ihr Selbstbewusstsein zu entwickeln. Sonst werden Sie sich sicherlich nicht einmal darum *bemühen*, Ihr Unterbewusstsein umzuprogrammieren, weil Sie von vornherein vom Misslingen dieses Unternehmens überzeugt sind.

Aus ebendiesem Grund spielt die »Spiegelbildtechnik« (kurz Spiegeltechnik) eine solch wesentliche Rolle in unserem Programm. Sie bewirkt eine erhebliche Steigerung Ihres Selbstvertrauens und Selbstbewusstseins. Es hilft Ihnen, sich ein solches Bewusstsein Ihres persönlichen Wertes anzueignen, dass sich die Menschen nach Ihnen umdrehen und sich fragen, wer Sie wohl sind! Und zwar nicht etwa, weil Sie so auffallend schön geworden wären, sondern weil Ihre Haltung eine solche ruhige Selbstsicherheit und ein solches Selbstbewusstsein ausstrahlt, dass Sie einfach Eindruck machen *müssen*.

INFO

Zunächst brauchen Sie an die Wahrheit Ihrer Affirmationen, die Sie sich selbst vorsprechen, nicht einmal zu glauben. Anfangs werden Sie sogar mit ziemlicher Sicherheit nicht an sie glauben! Doch so, wie Sie auch beim ersten »Pummelchen« keineswegs davon überzeugt waren, tatsächlich eines zu sein, höhlt auch hier steter Tropfen den Stein. Die ständige Wiederholung erzwingt den Glauben an die Wahrheit der Aussage!

Worte der Macht

Der Vorgang der Spiegeltechnik ist im Wesentlichen der Art und Weise vergleichbar, wie die negativen Programmierungen Ihrer Kindheit zustande kamen. Mit dem Unterschied allerdings, dass *Sie* es diesmal sind, der oder die sich selbst dazu bringen soll, eine *positive* Aussage zu glauben.

Stellen Sie sich nun vor den Spiegel. Schauen Sie sich – Ihrem Spiegelbild – gerade in die Augen und sprechen Sie folgende »Worte der Macht«:

»Ich mag mich selbst BEDINGUNGSLOS!«

Sprechen Sie diese Worte wenn möglich laut und deutlich aus und mit so viel Emphase, wie Sie nur aufbringen können. Das wird Ihnen anfangs nicht leicht fallen, weil Ihr Unterbewusstsein Ihnen sicherlich widersprechen wird: »Wem willst du eigentlich mit diesem Blödsinn etwas vormachen?« Doch achten Sie bitte nicht darauf, ignorieren Sie solche Einwendungen! Denken Sie daran, dass Ihre Psyche immer noch negativ programmiert ist und dass deshalb ihr Widerspruch nicht im Geringsten ernst zu nehmen ist.

Sie werden vielleicht auch denken: »Ich *würde* mich ja selbst mögen – wenn ich 25 Pfund schlanker wäre!« Solche Gedanken sind zu diesem Zeitpunkt völlig normal. Beachten Sie sie deshalb genauso wenig und bleiben Sie nur unbeirrt dabei, die Spiegeltechnik auszuführen! Denn damit leiten Sie die Neuprogrammierung Ihres Unterbewusstseins auf eine sehr wirkungsvolle Weise ein.

WICHTIG

Noch einmal: Lassen Sie sich durch nichts beirren! Gleichgültig, ob Sie daran glauben oder nicht – wiederholen Sie diesen einen Satz! Das Wort, auf das es dabei besonders ankommt, ist »bedingungslos«. Es reicht nicht, zu sagen: »Ich mag mich, wenn …« Sie müssen sagen: »Ich mag mich selbst BEDINGUNGSLOS!«

Führen Sie diese Spiegelzeremonie morgens, direkt nach dem Aufstehen, und noch einmal am Abend durch, direkt vor dem Schlafengehen: Stellen Sie sich vor den Spiegel, schauen Sie sich in die Augen und sagen Sie laut und mit so viel Gefühl wie möglich: »Ich mag mich selbst bedingungslos!«

Doch auch tagsüber sollten Sie diese Aussage, sooft sie Ihnen in den Sinn kommt, laut oder – wenn dies die Umstände nicht erlauben – leise wiederholen, am besten natürlich vor dem Spiegel. Je öfter Sie sich diesen Satz vorsprechen, desto eher wird er Ihrem Unterbewusstsein zur Gewohnheit werden und sich auf Ihr Selbstbewusstsein auswirken.

In 21 Tagen zum Erfolg

Sie müssen die Spiegeltechnik genau 21 Tage lang durchführen. Wenn Sie zwischendrin einen einzigen Tag auslassen, müssen Sie ganz von vorne beginnen. Man braucht wenigstens 21 Tage, um eine Gewohnheit zu ändern. Und bei unserem Vorhaben geht es im Grunde genommen genau darum: eine schlechte Gewohnheit in eine gute umzuwandeln.

Einige meiner Studentinnen und Studenten erinnerten sich mit Hilfe kleiner Zettel, die sie an verschiedenen Plätzen anbrachten, an diese ihre Aufgabe. Sie hefteten die mit dieser Suggestionsformel beschrifteten Kärtchen an den Schreibtisch, an das Armaturenbrett des Autos, über den Herd und über das Waschbecken. Auf diese Weise konnten sie während der 21 Tage nie

WICHTIG

Das Wichtigste an der Spiegeltechnik ist – man kann es nicht oft genug wiederholen –, dass Sie sie 21 Tage kontinuierlich durchführen. Sie dürfen keinen Tag auslassen: *Es müssen 21 aufeinander folgende Tage sein.* Selbst die einfachste Sache der Welt braucht 21 Tage, um zu einer Gewohnheit zu werden oder – anders ausgedrückt – fest in Ihr Unterbewusstsein einprogrammiert zu werden.

vergessen, die Worte »Ich mag mich selbst bedingungslos!« mehrmals zu wiederholen.

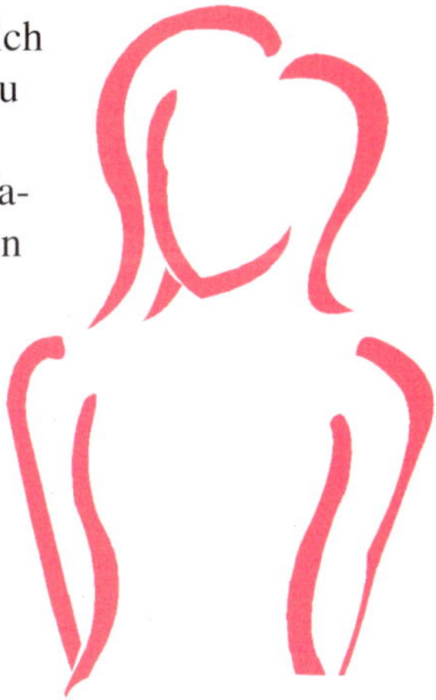

Sie werden sehen, dass dieser einfache kleine Satz tatsächlich sogar Ihren Tag retten kann. Angenommen, Sie hatten gerade eine unerfreuliche Begegnung oder Ihr Chef machte Sie für irgendetwas verantwortlich, an dem Sie in Wirklichkeit überhaupt keine Schuld traf: Dann besinnen Sie sich auf Ihre Wunder wirkende Formel und erklären Sie: »Ich mag mich selbst bedingungslos.« Selbst wenn Sie diese Worte nur flüstern können, erzeugen sie in Ihnen positive Gefühle, durch welche die – etwa durch Ihren Chef hervorgerufenen – negativen Emotionen aufgehoben werden.

Wenn Sie mit der Spiegeltechnik beginnen, können anfangs verschiedene Reaktionen eintreten: Sie können lachen, sich einfach komisch fühlen oder sogar anfangen zu weinen. Doch machen Sie sich bitte darüber keine Gedanken, denn alle diese Reaktionen – oder auch mögliche andere – sind völlig normal. Jeder unserer Studenten erlebte eine oder gar mehrere davon; nur die ganz wenigen Menschen, die sich bereits vorher *wirklich* selbst leiden können, bleiben davon verschont.

Eine wirkliche Lebenshilfe

Sie müssen die Spiegeltechnik 21 Tage lang konsequent durchführen. Doch das bedeutet keineswegs, dass Sie nach 21 Tagen abbrechen sollen. Im Gegenteil: Wenn Sie sie weiterhin durchführen – auch nachdem Sie Ihr Selbstbewusstsein genügend gestärkt haben –, werden Sie nach und nach erstaunliche Veränderungen an sich feststellen können. Je freier und selbstständiger Sie durch die »Worte der Macht« in Ihrem Inneren werden, desto leichter gelangen die in Ihnen ruhenden Fähigkeiten an die Oberfläche Ihres Bewusstseins. Die Tür zur schöpferischen Ebene Ihres Geistes, die durch die negativen Programmierungen Ihrer Kindheit so lange verschlossen geblieben war, wird sich ganz von selbst öffnen. Das »Sesam-öffne-dich« zur Schatzkammer Ihres Geistes ist wirklich nur der simple Satz: »Ich mag mich selbst bedingungslos!«

Beginnen Sie also noch heute mit dieser äußerst wirkungsvollen Technik. Gehen Sie zum Spiegel, schauen Sie Ihrem Spiegelbild, also sich selbst direkt in die Augen und sagen Sie laut, deutlich und mit möglichst viel Gefühl und Überzeugung:

»Ich mag mich selbst BEDINGUNGSLOS!«

Die zentrale Rolle der Entspannung

Was ist Entspannung? Im Zusammenhang unseres Programms können wir Entspannung als eine Technik oder Fähigkeit definieren, durch die wir eine größere Kontrolle über unseren Körper und unsere Emotionen erlangen können.

Gerade in einer Gesellschaft wie der unsrigen, wo Spannung und Stress, die sich in Herzinfarkt, Magengeschwüren, Kolitis und so weiter auswirken, an der Tagesordnung sind, sollte der Entspannung ein wesentlicher Platz im Leben eines jeden Menschen eingeräumt werden. Wussten Sie, dass ständiger Stress außerdem in nicht geringem Maße zur Fettleibigkeit beiträgt? Bei einem Menschen, der unter extremem Stress steht, produziert die Nebennierenrinde eine erhöhte Menge an Kortison. Und wie Ihnen wahrscheinlich bekannt ist, bewirkt Kortison ein »aufgedunsenes« Aussehen. Außerdem neigen gestresste Menschen oftmals dazu – als eine Art inneren Ausgleichs –, häufiger oder mehr zu essen, als sie es unter normalen Umständen tun würden.

Rituelles Essen

Wir alle befinden uns tagtäglich in Stresssituationen. Geschieht es nicht oft genug, dass der Wecker nicht klingelt und wir den Bus verpassen? Dass die Hypothekenrate bezahlt werden muss und kein Geld da ist? Dass ein Scheck längst überfällig ist? Dass wir uns überarbeiten, übermüdet sind oder Probleme in der Familie haben? Stress, wohin man schaut!

Viele begegnen diesem übermäßigen Stress mit »rituellem Essen«. Darunter verstehen wir in diesem Zusammenhang zwanghaftes Essen, das dem unbewussten Zweck dient, sich von angestauter Spannung, Angst oder anderen psychischen Belastungen zu befreien.

Menschen, die diese Gewohnheit entwickelt haben, wissen in den seltensten Fällen, *was* sie eigentlich genau essen oder wie es schmeckt. Sie schaufeln die Speisen einfach in sich hinein und essen so schnell, dass ihre Geschmacksknospen – bildlich gesprochen – nicht genügend Zeit finden, ihre Meldung an das Gehirn weiterzuleiten. Dieses zu schnelle Essen bereitet ihnen also keinen *Genuss*, es befriedigt lediglich ein emotionales Bedürfnis. Wie etwa der Alkoholiker zur Flasche und der Raucher zur Zigarette greift, so nehmen manche Menschen zum »rituellen Essen« Zuflucht.

Eine meiner Kursteilnehmerinnen hatte einen Mann, der oft erst sehr spät abends von der Arbeit nach Hause kam. Sie war verärgert und frustriert, dass sie zwar verheiratet war, aber im Grunde genommen keinen Ehemann hatte. Um sich dafür zu entschädigen und sich ihre unfreiwillige Einsamkeit buchstäblich zu »versüßen«, kaufte sie in regelmäßigen Abständen eine große Sahnetorte und aß sie auf. Wie sie mir erzählte, wusste sie hinterher nicht einmal, wie die Torte geschmeckt hatte. Aber wenn sie mit dem Essen fertig war, hatte sie das befriedigende Gefühl, sich für ihre Frustration gerächt zu haben.

Der erste Schritt zur Abschaffung dieser negativen Gewohnheit des »rituellen Essens« ist also die Erkenntnis, dass man dazu neigt, sich in Stresssituationen zu überessen! Auch hier haben wir es mit einer Gewohnheit zu tun, die man durch eine richtige Umprogrammierung des Unterbewusstseins ein für alle Mal ablegen kann.

Der einzige Weg, um über Ihr Unterbewusstsein dem täglichen Stress wirkungsvoll zu begegnen und jede negative Auswirkung zu verhindern, ist die *Entspannung*. Nur über die Entspannung erreichen Sie Ihr Unterbewusstsein und können die dort gespeicherten negativen Verhaltensweisen löschen und sie durch neue, positive ersetzen.

Entspannungsübung

Die folgende Übung soll Ihnen ein Gefühl für die Entspannung vermitteln, damit sie sich Ihrem Gehirn als ein neuer Eindruck einprägt.

1. Setzen Sie sich in Ihren Lieblingsstuhl und stellen Sie die Füße flach auf den Boden. Legen Sie die Hände locker in Ihren Schoß und atmen Sie dreimal tief durch. Lassen Sie die Augen zunächst geöffnet.
2. Spannen Sie beide Arme und Hände an … (Pause) … Jetzt lösen Sie die Spannung und lassen Sie die Muskeln völlig erschlaffen. Versuchen Sie nicht, diesen Zustand zu *erzwingen*, lassen Sie ihn einfach *geschehen*. Wenn Sie es beim ersten Mal schaffen, lediglich *einen* Finger zu entspannen, genügt das vollkommen. Wie überall macht auch hier Übung den Meister. Sie lernen die Entspannung – genauso wie das Autofahren oder Schwimmen – nur, indem Sie immer wieder üben.
3. Ziehen Sie nun die Muskeln Ihrer Stirn und um Ihre Augen leicht zusammen … (Pause) … Jetzt lösen Sie alle Spannungen.
4. Jetzt spannen Sie die Kiefermuskeln und die Muskeln um den Mund leicht an … (Pause) … Nun lösen Sie alle Spannungen, lassen Sie allen Druck.
5. Spannen Sie Ihre Schulter- und Rückenmuskulatur leicht an … (Pause) … Jetzt lösen Sie alle Spannungen, lassen allen Druck und versetzen diese Bereiche des Körpers in einen Zustand tiefer Entspannung. Versuchen Sie jedes Mal, wenn Sie die Übung ausführen, eine tiefere Ebene der Entspannung zu erreichen. Doch erzwingen Sie nichts.

6. Atmen Sie nun tief ein und spüren Sie, wie sich Ihr Brustkorb beim Ausatmen entspannt.
7. Spannen Sie nun die Bauchmuskulatur leicht an … (Pause) … Lösen Sie alle Spannungen, lassen Sie allen Druck.
8. Jetzt benutzen Sie Ihre kreative Vorstellungskraft und entspannen die gesamte Brust- und Magengegend innerlich … (Pause) … Entspannen Sie sich tief.
9. Benutzen Sie immer noch Ihre kreative Vorstellungskraft und entspannen Sie alle inneren Organe, die Drüsen und selbst die einzelnen Körperzellen. Erlauben Sie ihnen, ganz normal und entspannt zu funktionieren.
10. Spannen Sie die Füße und die Zehen an … (Pause) … Jetzt entspannen Sie Ihre Füße und Zehen.

TIPP

Wenn Sie sehr verkrampft sind und es Ihnen schwer fällt, das »Gefühl« für Entspannung zu bekommen, lassen Sie sich diese Übung von einem Freund oder einem anderen vertrauten Menschen vorlesen. Hören Sie lediglich aufmerksam zu und überlassen Sie sich ganz der gelösten Empfindung, die Sie überkommt.

11. Entspannen Sie jetzt Ihren ganzen Körper vom Scheitel bis hinunter zu Ihren Zehenspitzen. Versuchen Sie es.
12. Stellen Sie sich jetzt mit Hilfe Ihrer kreativen Vorstellungskraft vor, wie sich eine Woge der Entspannung – einer Flutwelle gleich – über Sie ergießt, wie sie Ihren ganzen Körper von Kopf bis Fuß überschwemmt. Jeder Muskel, jeder Nerv, den die Welle berührt, wird augenblicklich vollkommen entspannt. Lassen Sie sich von der Woge der Entspannung noch einmal überschwemmen und sich vom Scheitel bis zu den Zehenspitzen wohlig entspannen.
13. Wiederholen Sie nun die gesamte Übung mit geschlossenen Augen.

Es ist außerordentlich wichtig, dass Sie die Entspannung *passiv geschehen* lassen. Sie sollten sie keineswegs nach dem Motto »Koste es, was es wolle« aktiv erzwingen wollen. Selbst wenn Sie anfangs nur einen einzigen Körperteil entspannen können, ist das schon ein wirklicher Fortschritt. Gerade wenn Sie zu den Menschen gehören, die bis zum jetzigen Zeitpunkt meist ganz und gar verkrampft waren, erfordert völlige Entspannung Zeit und Übung. Aber Sie werden merken, dass es Ihnen bei jedem Mal, da Sie die Übung durchführen, leichter fällt. Also verzagen Sie bitte nicht und geben Sie nicht gleich auf!

Entspannung öffnet die Tür zum Unterbewusstsein

Die beschriebene Übung sollten Sie mindestens ein-, besser zweimal am Tag durchführen, bis Sie wirklich ein Gefühl für die Entspannung entwickelt haben. Doch wenn Sie dann so weit sind, haben Sie auch die Tür zu Ihrem Unterbewusstsein geöffnet und können es nun neu programmieren. Sie wissen ja: Nur über die Entspannung können Sie Ihr Unterbewusstsein erreichen!

Wie Sie an sich selbst feststellen werden, wirkt sich die tägliche Entspannungsübung ganz allgemein höchst positiv auf Ihr körperliches und seelisches Wohlbefinden aus. Sie werden Ihre täglichen Probleme leichter bewältigen und Ihr Unterbewusstsein allmählich neu programmieren können. Darüber hinaus hat es sich bei unseren Kursen wiederholt erwiesen, dass während der Entspannungsübung Bilder aus dem Unterbewusstsein an die Oberfläche Ihres Wachbewusstseins gelangen, die Ihnen Aufschlüsse über Ihre Gewichtsprobleme geben können. In vielen Fällen offenbart sich auf diese Weise auch die eigentliche Ursache. Eine unserer Studentinnen fand beispielsweise durch die Entspannungsübung heraus, dass die Schuldgefühle gegenüber ihrem Vater die Ursache für ihr Übergewicht waren. Sie hatte es nicht geschafft, auf eine andere Art und Weise seinen übergroßen Erwartungen gerecht zu werden, die sie als kleines Mädchen allzu sehr belasteten.

Ohne Entspannung werden Sie nicht bis zu den Wurzeln, den Ursachen Ihrer Probleme vordringen können. Sie werden sich immer nur mit den Symptomen abplagen müssen – und dass das keine Lösung ist, wissen Sie wohl selbst gut genug.

Schöpferische Vorstellungskraft

Was ist schöpferische Vorstellungskraft? Zuerst einmal ist sie ein Werkzeug, das Ihnen dabei helfen kann, Ihr Unterbewusstsein umzuprogrammieren. Wie wir nun wissen, denkt Ihr Geist in Bildern, und um seine Fähigkeiten voll ausschöpfen zu können, müssen wir unsere kreative Fantasie wieder aktivieren lernen.

Ich sagte absichtlich »wieder«, denn alle kleinen Kinder sind ja in eindrucksvoller Weise mit Fantasie begabt. Doch diese Fähigkeit wird im Laufe des weiteren Lebens so sehr unterdrückt, dass sie schließlich bei den meisten von uns verkümmert. Man lehrt die Kinder, »vernünftig« und analytisch zu denken und ausschließlich ihren Verstand zu gebrauchen.

Ich möchte keineswegs dem logischen Denken seine wesentliche Bedeutung für unser Leben absprechen. Doch handelt es sich hierbei nur um *eine* notwendige Komponente geistiger Aktivität. Die schöpferische

Vorstellungskraft aber sollte ein weiterer und mindestens ebenso ernstzunehmender Bestandteil unserer psychischen Konstitution sein.

Um Ihre schöpferischen Fähigkeiten richtig zu entwickeln, versuchen Sie am besten, sie mit Hilfe von Bildern zu aktivieren. Im Kapitel »Ein Ziel setzen« hatte ich Ihnen vorgeschlagen, ein Bild von sich selbst mit Ihrer Idealfigur oder ein entsprechend präpariertes Zeitschriftenfoto unter Ihre Zielvorstellung zu kleben. Zusätzlich möchte ich Ihnen jetzt empfehlen, ein ebensolches Bild an einer Stelle in Ihrer Wohnung anzubringen, wo Sie es mehrmals am Tag unweigerlich sehen werden.

Einer meiner Kursteilnehmer klebte dieses zweite Bild auf seinen Kühlschrank. Es war ein Foto aus seiner Zeit als junger Sportler – einer Zeit also, in der er in körperlicher Höchstform gewesen war. Er hatte seitdem nie wieder so gut ausgesehen noch – wie er sagte – sich so gut gefühlt wie damals. Er berichtete, dass ihm jedes Mal, wenn er sich aus dem Kühlschrank einen verbotenen Leckerbissen holen wollte, das Bild mit seinem Wunschkörper sofort ins Auge fiel. Mehr als einmal hielt ihn das ab, den Kühlschrank auch nur zu öffnen. Außerdem betrachtete er dieses »vollkommene« Bild seiner selbst jedes Mal, bevor er seine Entspannungsübung durchführte, und verinnerlichte es auf diese Weise so gut, dass es ihm zunehmend leichter fiel, sich im Essen einzuschränken.

Die vier Bewusstseinszustände

An dieser Stelle scheint es angebracht, Ihnen zu erklären, *warum* diese Methode zum Abnehmen so gut funktioniert. Wenn Sie nämlich die wissenschaftliche, psycho-physiologische Erklärung kennen, sind Sie vielleicht eher bereit, sich auf unser Programm einzulassen.

Die unzähligen Nervenzellen des Gehirns erzeugen schwache elektrische Impulse. Einige davon erfahren wir als Bewusstseinstätigkeit (Wahrnehmung und Denken im weitesten Sinne), während andere über Nervenbahnen zur Steuerung aller physischen Vorgänge in den gesamten Körper weitergeleitet werden. Das Gehirn ist also in einer ununterbrochenen elektrischen Tätigkeit begriffen – es »steht ständig unter Strom«.

Das »bioelektrische« Potenzial des Gehirns ist aber nicht immer gleich stark, sondern schwankt in Abhängigkeit von dessen bestimmter Tätigkeit. Diese Schwankungen können mittels Elektroden abgeführt und mit Hilfe eines so genannten Elektroenzephalographen als

Wellen unterschiedlicher Frequenz aufgezeichnet werden (EEG). Man unterscheidet dabei vier verschiedene Hirnstromwellen: Betawellen, Alphawellen, Thetawellen und Deltawellen.

Betazustand (aktives Wachbewusstsein):

Dies ist die »handelnde« Aktivität Ihres Geistes und die, welcher Sie sich am meisten bewusst sind. Auf dieser Ebene vollziehen Sie Ihr rationales Denken. Hier empfangen Sie auch die Informationen aus Ihrer Umgebung vermittels der Sinnesorgane, indem Sie hören, riechen, fühlen, schmecken und sehen. Doch finden nur etwa zehn Prozent Ihres gesamten Denkens auf dieser Ebene statt. Die Hirnstromfrequenz beträgt hier zwischen 14 und 30 Hertz (Schwingungen in der Sekunde).

Alphazustand
(»passives« Wachbewusstsein, Unterbewusstsein):

Dies ist die »schöpferische« Aktivität Ihres Geistes, die Sie »willentlich« *nur* über die Entspannung erfahren können. Das ist das Reich der Erinnerung, der Inspiration, der Kreativität, des inneren Friedens, der außersinnlichen Wahrnehmung und anderer erstaunlicher Fähigkeiten! Die Schwingungen liegen hier zwischen 8 und 13 Hertz.

Es gibt mehrere Anzeichen, an denen Sie erkennen können, dass Sie sich im Alphazustand befinden. Zum einen könnten Sie beispielsweise ein blaues Licht vor Ihrem geistigen Auge sehen – oder auch andere Farben. Vielleicht kommt es Ihnen auch so vor, als spanne sich ein festes Band um Ihre Stirn. Sie fühlen sich möglicherweise leicht, wie schwebend. Doch wie auch immer – Sie werden es sehr bald selbst merken, wenn Sie sich in diesem Zustand herabgesetzten Bewusstseins befinden.

Thetazustand:

In diesen Zustand stark herabgesetzten Bewusstseins gelangen aufgrund jahrelanger Übung und Erfahrung »Meister«, wenn sie meditieren. Die Frequenz liegt hier bei nur 4 bis 7 Hertz.

Deltazustand:

Wenn das Gehirn Wellen in dieser Frequenz aussendet, befinden Sie sich im Tiefschlaf oder einem der Bewusstlosigkeit ähnlichen Zustand. Man weiß sehr wenig über die Deltaebene. Ihre Frequenz liegt bei nur 0,5 bis 3 Schwingungen pro Sekunde.

Je mehr Sie also lernen, sich zu entspannen, desto mehr können Sie dadurch die Schwingungsfrequenzen Ihrer Hirnstromwellen – von zirka 30 auf ungefähr 7

Hertz – verlangsamen. Gleichzeitig erlangen Sie mehr und mehr Zutritt zu all den erstaunlichen Fähigkeiten, deren Sie sich bisher nicht bewusst waren. Sie werden sich allmählich in einen schöpferischen Menschen voller Ideen, Energie und Tatendrang verwandeln!

Übung: den Alphazustand Ihres Bewusstseins erreichen

Die folgende Übung soll Ihnen dabei helfen, die Frequenz Ihrer Gehirnwellen zu senken und auf diese Weise den Alphazustand Ihres Bewusstseins zu erreichen. Dann können Sie mit der Neuprogrammierung Ihres Unterbewusstseins beginnen, um den Körper Ihrer Träume zu erlangen.

Lesen Sie bitte die gesamte Übung, bevor Sie damit anfangen, und halten Sie sich dann genau an die angegebene Reihenfolge der Schritte:

1. Nehmen Sie eine bequeme Stellung ein, legen Sie die Hände locker in den Schoß und schlagen Sie die Beine nicht übereinander.
2. Schließen Sie die Augen, atmen Sie einige Male tief durch und wiederholen Sie beim Ausatmen im Geiste das Wort: *entspannen*.
3. Atmen Sie immer noch tief durch, und wiederholen Sie nun beim Ausatmen: *innen entspannen*.

4. Jetzt werden Sie, um den Bereich des Alphazustands zu erreichen, nacheinander alle Teile Ihres Körpers entspannen – angefangen bei Ihrer Kopfhaut und Ihrem Kopf. Sie werden auf diese Weise die Schwingungen Ihrer Gehirnwellen immer weiter verlangsamen, bis Sie schließlich eine Frequenz von ungefähr 8 Hertz erreichen. Versuchen Sie sich diesen Vorgang bildlich vorzustellen, um dadurch schneller ans Ziel zu gelangen: Sie sehen ein Rad vor sich, das sich anfangs sehr schnell dreht, dann allmählich langsamer und immer langsamer wird – in gleichem Maße, wie Sie Ihren Körper vom Scheitel bis zu den Zehenspitzen entspannen. Je langsamer sich das Rad dreht, desto wohliger und friedvoller fühlen Sie sich.
5. Entspannen Sie also mit Hilfe Ihrer schöpferischen Vorstellungskraft Ihre Kopfhaut und Ihren ganzen Kopf. Entspannen Sie Ihre Stirn und die Gesichtsmuskeln. Öffnen Sie leicht den Mund und entspannen Sie Ihre Kaumuskeln. Erlauben Sie diesem Gefühl der Entspannung, Ihren ganzen Körper zu durchdringen und bis hinunter zu den Zehen zu gelangen.
6. Stellen Sie sich jetzt vor, den Hals und die Schultern zu entspannen, dann die Arme und Hände. Spüren Sie, wie die Entspannung langsam nach unten fließt. Das Rad wird langsamer und langsamer und immer langsamer.

7. Benutzen Sie Ihre kreative Fantasie und entspannen Sie die Rücken- und Brustmuskulatur und Ihre Bauchmuskeln. Lassen Sie diese wohlige Entspannung bis in die Zehenspitzen hinunterfließen.
8. Stellen Sie sich vor, wie Sie Ihre Hüften und Beine entspannen, wie die Entspannung Ihre Waden und Füße durchströmt und weiter bis in die Zehen fließt. Es ist ein sehr angenehmes Gefühl, so tief entspannt zu sein!
9. Nun befinden Sie sich in tieferen Bereichen Ihres Bewusstseins. Das Rad dreht sich nur noch sehr, sehr langsam.
10. Stellen Sie sich nun – um den Alphazustand noch intensiver zu erleben – eine friedliche, angenehm ruhige Umgebung vor, den idealen Platz zur Entspannung, wo immer er auch sei. Malen Sie sich einen sonnendurchwärmten Strand aus oder ein moosiges Plätzchen unter einer Kiefer im Gebirge. Sie können auch auf einem Stein an einem klaren Bergbach oder auf einer Wiese unter einem blühenden Apfelbaum sitzen. Vielleicht liegen Sie auch am liebsten auf Ihrem eigenen Bett. Sie haben völlig freie Hand bei der Wahl *Ihres* »Entspannungsparadieses«.
11. Jetzt befinden Sie sich auf diesem Platz und entspannen sich fünf Minuten lang sehr tief. Atmen Sie langsam, gleiten Sie immer tiefer in die Ent-

spannung hinein. Spüren Sie, wie sich das Rad immer langsamer und langsamer dreht.

12. Wenn Sie sich nun in diesem traumähnlichen Zustand befinden, stellen Sie sich vor, wie Sie an einem schönen Nachmittag im Mai am Ufer eines träge fließenden Flusses stehen. Ein kleines Boot wartet auf Sie. Steigen Sie ein und legen Sie sich auf die weichen Kissen, die darin liegen. Das Boot treibt auf den Fluss hinaus und schaukelt sanft auf den trägen Wellen des Wassers. Vor und zurück, hoch und runter, im Gleichklang mit den ruhigen Bewegungen des Flusses. Während das Boot langsam den Fluss hinabgleitet, spüren Sie nur dieses weiche Schaukeln, hören das Wasser gegen die Planken schwappen, Sie riechen die süße Feuchtigkeit der Luft und sind sich der angenehmen Wärme der nachmittäglichen Sonne bewusst. Eine leichte Brise streichelt sanft Ihren Körper, der matt und entspannt auf den Kissen ruht. An den Ufern des Flusses singen Amseln, und die Grillen zirpen im Unterholz – welch ein wundervoller sommerlich schöner Tag! Nun dringt der betörende Hauch des Flieders zu Ihnen und der Duft von Rosenhecken, die blühende Wiesen umsäumen, auf denen schwarzbunte Kühe geruhsam weiden. Sie nehmen den Duft völlig in sich auf, während Sie gedankenverloren den kleinen Wölkchen am blauen Himmel nachschauen.

13. Sie fühlen sich vollkommen im Einklang mit sich selbst, wunschlos und still, voll inneren Friedens, während Sie immer weiter den Fluss hinabgleiten und sich sanft vom Boot schaukeln lassen. Empfinden Sie einige Augenblicke lang alle Eindrücke auf einmal: Hören Sie den Gesang der Amseln und das Zirpen der Grillen, spüren Sie den zarten Hauch des Windes, riechen Sie den Duft der Fliederbüsche und Rosenhecken und sehen Sie die kleinen Wölkchen am Himmel treiben. Während Sie so weiter auf dem Fluss dahingleiten und sich von den Sonnenstrahlen von Kopf bis Fuß durchwärmen lassen, fühlen Sie sich vollkommen entspannt und ganz und gar von Frieden erfüllt. Sie sind bis an das innerste Zentrum Ihres Wesens vorgedrungen – bis an *das* Zentrum, das durch äußere Gegebenheiten nicht berührt werden kann. Es ist das kreative Zentrum, das Sie nur durch wirklich tiefe Entspannung erreichen können!
14. Nun treibt das Boot langsam dem Ufer zu, und ein wenig später bremsen Wasserpflanzen seine Fahrt. Dann gleitet es auf den Strand, und Sie können langsam aussteigen. Da sehen Sie plötzlich sich selbst vor sich stehen – doch nicht in der Gestalt, wie Sie jetzt sind, sondern mit dem Körper, den Sie sich schon immer wünschten. Es überrascht Sie jedoch nicht im Geringsten, sich selbst mit diesem Idealkörper zu sehen. In Ihrem Inneren »wis-

sen« Sie nämlich, dass diese Vision Wirklichkeit ist.

15. Nun wird das Bild immer klarer und deutlicher: Sie können sich jetzt ganz genau betrachten. Die Proportionen und die gesamte Erscheinung des Körpers stimmen aufs I-Tüpfelchen mit Ihren Vorstellungen überein.
16. Gehen Sie auf den Körper zu und dringen Sie in ihn ein. Spüren Sie sich selbst in diesem Körper und versichern Sie sich, dass er wirklich ganz und gar Ihren Vorstellungen entspricht. Wenn Sie noch eine Veränderung wünschen, nehmen Sie sie vor. Ändern Sie an dem Körper, was immer Sie wollen!
17. Bewegen Sie sich in dem Körper, spüren Sie seine Kraft und Gewandtheit, die Geschmeidigkeit seiner Bewegungen. Spüren Sie seine überströmende Kraft und das dynamische Leben, das ihn erfüllt. Und überzeugen Sie sich davon, dass wirklich alles so ist, wie Sie es sich wünschen. Wenn Sie sich in diesen Körper einfühlen, ihn ganz genau kennen lernen und erforschen – wenn Sie *wissen*, dass es Ihr *eigentlicher* Körper ist, dann wird Ihre gegenwärtige Erscheinung auch allmählich diese ideale Gestalt annehmen. In diesem Augenblick sind Sie auf dem besten Weg, diesen Idealkörper Wirklichkeit werden zu lassen, und Sie werden ab jetzt alles dazu tun, ihn so schnell wie möglich zu realisieren.

Ob es sich nun um körperliche Übungen handelt oder darum, weniger zu essen, ob Sie sich eine gesündere Ernährung angewöhnen oder eine bessere Umgebung zum Leben suchen wollen – was immer es auch sei, Sie werden es tun und alle inneren und äußeren Widerstände beiseite schieben, die sich Ihnen in den Weg stellen. Denn jetzt ist Ihr einziges Bestreben, die besten Voraussetzungen für die Erlangung Ihres Idealkörpers zu schaffen.

TIPP

Wenn Sie diese Übung immer wieder durchführen, wird sich dieses Bild – Sie selbst mit Ihrem Idealkörper – für alle Zeiten Ihrem Unterbewusstsein einprägen. Es wird Sie mit seiner magnetischen lebendigen Kraft und Ausstrahlung dazu zwingen, alles Notwendige zu tun, um Ihren gegenwärtigen Körper nach und nach in diesen Ihren Wunschkörper umzuwandeln – bis er Wirklichkeit geworden ist.

18. Benutzen Sie nun also Ihre kreative Vorstellungskraft, stellen Sie sich vor, wie Sie alle diese Dinge tun, die zur Realisierung Ihres Traumkörpers unbedingt notwendig sind. Sehen Sie sich mittags am Tisch sitzen und kalorienarme Speisen mit viel Nährstoffen und Vitaminen zu sich zu nehmen: Sie

essen langsam und sind bereits nach einer kleinen Portion satt. Sie sehen sich »Kalorienbomben«, die früher eine unwiderstehliche Versuchung für Sie dargestellt hätten, kategorisch ablehnen.

19. Jetzt betrachten Sie Ihren ganzen Körper im Spiegel: Sie drehen sich nach allen Seiten und sind mit Ihrem Anblick sehr zufrieden. Sie sind außerordentlich stolz auf sich, weil Sie Ihren Idealkörper verwirklichen konnten. Sie haben allein und aus eigener Kraft Ihren Traum Realität werden lassen.
20. Entlassen Sie nun dieses Bild Ihres Idealkörpers aus Ihrem Bewusstsein, lassen Sie es in den Hintergrund zurücktreten. Es wird lebendig und wirksam in Ihrem Unterbewusstsein gespeichert bleiben.
21. Sagen Sie abschließend drei Mal hintereinander unsere »Worte der Macht«: *Ich mag mich selbst bedingungslos!*
22. Um den Alphazustand zu verlassen, strecken Sie langsam die Arme über Ihren Kopf und räkeln sich. Nun befinden Sie sich wieder im Betazustand des Wachbewusstseins.

Das ist die Neuprogrammierung des Unterbewusstseins

Diese geistige Übung sollten Sie einmal am Tag ausführen, sobald Sie gelernt haben, sich wirklich zu entspannen. *Das* ist die Neuprogrammierung Ihres Unterbewusstseins. *Das* ist der Weg! Sie verlangsamen Ihre Gehirnwellen und sehen Ihren Idealkörper. So prägen Sie ein Engramm in Ihr Gehirn ein. Sobald sich dieser Eindruck fest in Ihr Unterbewusstsein »eingeätzt« hat, *muss* Ihr jetziger Körper zu diesem Bild *werden*. Denn Ihr physischer Körper befolgt die Befehle Ihres Unterbewusstseins!

Wenn diese Neuprogrammierung Ihres Unterbewusstseins abgeschlossen und der neue Eindruck fest in Ihrem Gehirn eingeprägt ist, werden Sie keine Willenskraft mehr benötigen, um Ihre Essgewohnheiten zu kontrollieren. Ihr Unterbewusstsein wird Ihnen diese Mühe abnehmen und wesentlich gründlicher für Ihr Wohlergehen sorgen, als Sie es jemals bewusst getan haben. Es ist dasselbe Unterbewusstsein, das auch Ihre Verdauung regelt, Ihren Herzschlag und Ihre Atmung. Es kümmert sich höchst zuverlässig um alle diese ständigen Anforderungen, ohne dass Sie sich in irgendeiner Weise einzumischen bräuchten. Ihr Wachbewusstsein wäre längst nicht imstande, auch nur eine dieser Aufgaben annähernd so zuverlässig zu bewältigen!

Sie werden sehr leicht selbst feststellen können, wann die Neuprogrammierung Ihres Unterbewusstseins abgeschlossen ist. Ein sicheres Zeichen ist zum Beispiel, wenn Sie keine Lust mehr auf etwas haben, das vorher eine große Versuchung für Sie darstellte, oder wenn Sie ganz allgemein weniger Hunger verspüren. Vielleicht merken Sie auch, dass Ihnen Speisen mit reichlich Kalorien lange nicht mehr so schmecken wie früher.

Positiv denken

Positives Denken ist ein wichtiger Aspekt der Mentaldiät. Er ist in den anderen Bausteinen schon enthalten – beispielsweise in der suggestiven Affirmation der Spiegelbildtechnik und bei der Formulierung Ihres Ziels. Für eine positive Einstellung ist aber noch mehr notwendig – Sie müssen sich von negativen Gefühlen befreien. Ein wichtiger Schritt hierbei ist das Vergeben.

Lernen Sie zu verzeihen

Sie fragen sicher, was dieses christliche Gebot mit Ihrem Gewichtsproblem zu tun hat. Nun, wissenschaftliche Forschungen haben einwandfrei ergeben, dass Groll, Rachsucht, Gewissensbisse, Aggressionen und andere, ähnliche »feindselige« Gefühle die Wurzel vieler psychosomatischer Krankheiten sind – und auch die Ursache für Fettleibigkeit sein können!

Vergeben bedeutet, den Geist von Negativem zu reinigen – das heißt negative Emotionen, die einen oder mehrere Menschen betreffen, bloßzulegen und anschließend loszulassen. Indem Sie aber aufhören, sich an diesen Empfindungen festzuklammern, lassen Sie auch Ihr Übergewicht los und befreien sich dadurch endgültig von ihm.

All dies beginnt im Kopf, in Ihrem Geist. Und um irgendwelche positiven Ergebnisse und Veränderungen zu erzielen, *müssen zuallererst sämtliche negativen Emotionen beseitigt werden.*

Wir bestrafen uns letztlich selbst

Das Verzeihen ist ein wirklich wichtiger Punkt in unserem Programm der Mentaldiät, denn negative Gefühle *jeglicher Art* behindern Ihre weiteren Fortschritte. Hand aufs Herz: Tragen nicht auch *Sie* irgendjemandem etwas nach – hegen nicht auch *Sie* gegen einen bestimmten Menschen einen Groll – hat nicht auch *Ihnen* jemand irgendetwas »angetan«? Um aber Ihr Ziel – den Idealkörper – wirklich erreichen zu können, müssen genau diese negativen Emotionen abgebaut beziehungsweise neutralisiert werden.

Vergeben ist ein praktisches und letztlich auch einfaches Mittel, um sich selbst gesund zu erhalten und seine seelisch-geistige Weiterentwicklung zu gewährleisten. Zusätzlich behalten Sie dadurch auch Ihr – einmal erreichtes – Idealgewicht mühelos bei. Selbst wenn Sie der festen Überzeugung sind, jemand habe Ihnen ein Unrecht zugefügt, so nützt es *Ihnen* überhaupt nichts, einen Groll gegen den Betreffenden zu hegen. Ich wiederhole: Ihnen nützt es nichts und ihm schadet es nicht! Ganz im Gegenteil: Es schadet *Ihnen*, und der Betreffende freut sich am Ende noch darüber – oder weiß nicht einmal etwas von seiner »Schuld«.

Das soll natürlich nicht bedeuten, dass Sie Ihrem »Feind« bei der nächsten Gelegenheit um den Hals fallen oder sonst Freundschaft mit ihm schließen müssen. Sie sollen lediglich die Rachegefühle, das Gekränktsein oder den Groll aufgeben, die Sie beherrschen, um

WICHTIG

Genauso, wie Sie anderen verzeihen sollen, müssen Sie es auch lernen, sich selbst zu verzeihen. Solange Sie sich selbst eine Schuld nicht vergeben können, lastet diese Bürde auf Ihrer Seele. Sie werden weiterhin unbewusst an Ihrem Schuldgefühl leiden müssen und dadurch niemals wirklich glücklich werden können!

die negativen Auswirkungen dieser Empfindungen auf Ihre Psyche und Ihren Körper zu vermeiden.

Übung zum Verzeihen

Die folgende geistige Übung soll Ihnen helfen, erlittenes Unrecht zu vergessen und den »Schuldigen« zu vergeben. Sollten Sie niemanden kennen, dem Sie etwas zu verzeihen haben – müssen Sie dann vielleicht sich selbst etwas vergeben? Denken Sie einmal darüber nach: Gibt es wirklich niemanden, gegen den Sie negative Gefühle hegen? Wirklich niemanden? Benutzen Sie bei der folgenden Übung Ihre schöpferische Vorstellungskraft und die Macht wirksamer Suggestionen.

Zunächst entspannen Sie sich mit der auf Seite 63 beschriebenen Entspannungsübung. Nachdem Sie die Schritte 1 bis 13 absolviert haben, geht es weiter:

14. Sie befinden sich in einem Zustand vollkommener psychischer und körperlicher Entspannung. Machen Sie jetzt Gebrauch von Ihrer kreativen Vorstellungskraft. Stellen Sie sich vor, Sie sitzen in einem Kino und der schöne, dunkelrote Vorhang öffnet sich gerade. Lautlos gleiten die beiden Hälften auseinander und geben die riesige weiße Leinwand frei.
15. Nun sind die roten Vorhänge vollständig zurückgezogen, und die große weiße Leinwand bietet sich

Ihrem Blick dar. Die Lichter sind ausgegangen, das Kino ist völlig dunkel. Sie sitzen entspannt auf Ihrem Platz, und jetzt sehen Sie plötzlich mitten auf der riesigen Fläche das Bild des Menschen, dem Sie vergeben sollen. Das Bild wird immer deutlicher und deutlicher. Sie können bereits alle Details unterscheiden – das Haar, die Augen, den Mund und den Gesichtsausdruck. Sie sehen alle Einzelheiten, die Sie sehen möchten … Halten Sie an diesem Punkt inne, um alle Einzelheiten möglichst bewusst wahrzunehmen.

16. Während nun das Bild dieses Menschen in voller Größe und Klarheit auf der Leinwand zu sehen ist, sprechen Sie die folgenden Worte:

    »Ich vergebe dir, …………………… (fügen Sie hier den entsprechenden Namen ein), vollkommen, von ganzem Herzen und aus freien Stücken. Ich spreche dich aus ganzem Herzen und mit vollem Bewusstsein frei. Ich verzeihe und vergesse auch alles, was mit dieser Angelegenheit zusammenhängt. Ich bin frei, und du bist frei. Es ist ein wundervolles Gefühl, so frei zu sein.

    Heute ist mein Tag der allgemeinen Amnestie, denn ich spreche alle Menschen, die mir jemals körperlich oder seelisch wehgetan oder ein Unrecht zugefügt haben, von jeder Schuld frei. Ich wünsche ihnen allen von ganzem Herzen Gesundheit, Glück und alles Gute für ihr weiteres Leben.

Wenn ich künftig an dich denke, werde ich sagen: ›*Ich habe dir vergeben und meine guten Wünsche mit auf den Weg gegeben.*‹ Ich bin frei, und du bist frei. Es ist ein wundervolles Gefühl!«

17. Nachdem Sie Ihrem »Feind« auf diese Weise vollkommen verziehen haben, können Sie die Augen öffnen und das Gefühl der Freiheit genießen: der Befreiung von den negativen Gefühlen der Feindschaft und Rachsucht. Und wenn künftig diese Person in Ihre Gedanken kommt, werden Sie nur in Ihrem Geiste zu sagen brauchen: »Friede sei mit dir!«

Nutzen Sie die
Macht Ihres
Geistes

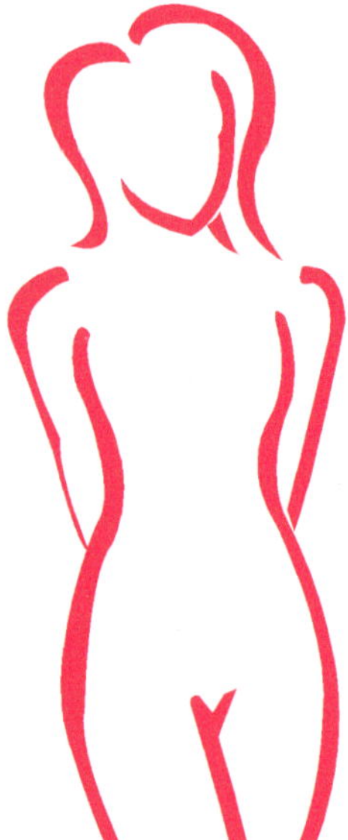

Die Barrieren des Geistes

An einem bestimmten Punkt der Umprogrammierung Ihres Unterbewusstseins werden Sie einen Widerstand in sich spüren, ein Gefühl der Hoffnungslosigkeit. Sie sagen sich: »Es nützt ja doch alles nichts« und glauben, dass unser Programm auch nicht besser funktionieren wird als all die anderen, mit denen Sie es schon versucht haben. Vielleicht denken Sie dann auch, wie verrückt das alles klingt – sinnlos, überspannt oder was auch immer. Wenn Sie solche Gedanken und Gefühle in sich entdecken, dann verzweifeln Sie nicht – freuen Sie sich darüber! Sie zeigen Ihnen nämlich, dass Sie tatsächlich Fortschritte gemacht haben.

Wenn Sie mit diesem Programm beginnen – die Suggestionsformeln anwenden, Ihre kreative Fantasie benutzen und auch die anderen Vorschriften gewissenhaft befolgen –, geht zunächst einmal alles gut, da Sie sich noch im Stadium der »Umformung« befinden. Doch haben Sie erst einmal wirklich neue Überzeugungen und ein neues Selbstbild entwickelt, beginnt die Konfrontation mit den alten falschen Denkmustern. Der

Widerstand Ihres Geistes besteht also in der Summe aller negativen Ansichten und Einstellungen Ihrer Kindheit und Erwachsenenzeit, die so miteinander verfilzt sind, dass sie eine regelrechte Barriere bilden.

Sobald dann die neuen Programmierungen in Ihren Kopf eindringen, versuchen sich die alten Denkmuster dagegen zur Wehr zu setzen. Sie flüstern Ihnen zum Beispiel ein, dass doch alles besser beim Alten bleiben sollte oder dass dieses neue Programm sinnlos, nutzlos und überflüssig ist. Ihr »altes« Unterbewusstsein sagt: »Lassen wir die Dinge doch so, wie sie sind! Wir wissen nicht, was mit diesen neuen Programmierungen auf uns zukommt. Kurzum: keine Experimente!«

Wenn Sie solchen Einflüsterungen widerstehen und eisern dabei bleiben, unser Programm der »geistigen Diät« durchzuführen – dann werden Sie gewinnen! Die neuen Programmierungen werden kurz darauf die alten überwinden und an deren Stelle treten.

INFO

Vergessen Sie nicht: Sobald Sie diesen inneren Widerstand fühlen, geben Sie nicht auf, sondern freuen Sie sich! Denn dann wissen Sie, dass die neuen positiven Informationen den Kampf gegen die alten negativen Strukturen Ihres Unterbewusstseins, die bisher Ihr Leben bestimmten, aufgenommen haben.

Sie haben den Schlüssel – öffnen Sie das Gefängnis!

Wie Sie nun selbst wissen, besteht unsere Mentaldiät im Wesentlichen darin, dass Sie Ihren »Computer«, also das Unterbewusstsein, mit neuen und richtigen Informationen füttern, die Ihnen zu einer in jeder Hinsicht veränderten positiven Einstellung zu Ihrem Leben insgesamt verhelfen. Neue Erkenntnisse, die sich auf richtige Ernährung und Lebensweise sowie auf die Ursache für Ihre »Schlemmerorgien« beziehen, werden Ihre alten negativen Gewohnheiten nach und nach abschaffen und durch neue, positive ersetzen.

Sie wissen nun auch, dass Ihr Unterbewusstsein Ihnen bei richtiger Neuprogrammierung die Sorge um Ihre Figur abnehmen wird. Es wird sich ganz allein und vollkommen zuverlässig darum kümmern.

Ihr Unterbewusstsein kennt auch Ihre ganz persönliche »Körperchemie« weit besser als irgendjemand sonst auf der Welt: besser als jeder Chefarzt einer Schlankheitsklinik, als jeder Universitätsprofessor – oder natürlich Sie selbst! Es kann Ihnen das Idealgewicht für Ihren Körper angeben und dann dafür sorgen, dass Sie es einhalten, solange Sie leben – und zwar ohne dass Sie sich im Geringsten bewusst damit befassen müssten! Die einzige, wirklich einzige Voraussetzung dafür ist, dass Sie sich geistig richtig programmiert haben!

Wissen ist Macht

Vielleicht haben Sie nach den bisherigen Kapiteln dieses Buches den Eindruck gewonnen, dass manche der behandelten Themen in keinem unmittelbaren Zusammenhang miteinander stehen. Doch seien Sie versichert, dass dies keineswegs der Fall ist: Alle diese neuen, scheinbar unzusammenhängenden Informationen und Daten eint der alleinige Zweck, Ihr Unterbewusstsein umzuprogrammieren; sie allein werden dafür sorgen, dass Sie selbst erkennen, welcher »Unrat« sich während Ihres bisherigen Lebens über Ihren Kopf im Unterbewusstsein angesammelt hat, und ihn kurzerhand hinausschmeißen.

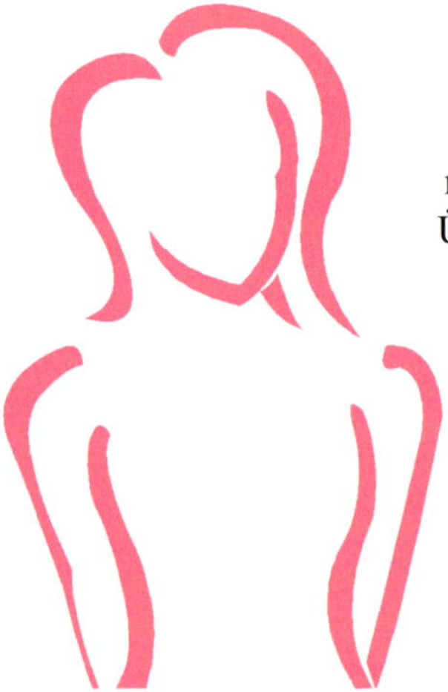

Alle unsere behandelten Themen – das Setzen eines Ziels, richtige Ernährung, körperliche Übungen und so weiter – tragen durch wesentliche neue Informationen wichtige Daten zu der Neuprogrammierung Ihres Unterbewusstseins bei. Ebenso dienen auch die Angaben über die Funktionsweise Ihrer Psyche und des Appetit- beziehungsweise des Sättigungszentrums in Ihrem Gehirn nur diesem einen Ziel. All diese Themen sind Nahrung für Ihren Geist oder – anders ausgedrückt – Daten, die Ihr Computer für seine Neuprogrammierung dringend benötigt. Und es darf auch nicht vergessen werden, welch wesentliche Bedeutung der Erzeugung eines positiven Selbstbildes im Rahmen einer solchen Neuprogrammierung zukommt.

Erst wenn der Computer mit all diesen wesentlichen Informationen gefüttert worden ist, kann er darangehen, die für Sie richtige Nahrung, die geeigneten körperlichen Übungen und die überhaupt angemessenste Lebensweise auszusuchen. Und er wird all diese Aufgaben ebenso zuverlässig und pünktlich übernehmen und erledigen wie die Kontrolle Ihres Herzschlages, Ihrer Atmung und Ihrer Verdauung. Füttern Sie ihn also mit Ihrem idealen Körpergewicht und Aussehen, dann können Sie sich ohne Bedenken und völlig sorglos seiner Obhut anvertrauen.

Hilfreiche zusätzliche Übungen

Die folgenden Übungen helfen Ihnen, Ihren Körper umzuprogrammieren. Geben Sie ihm die *richtigen* Informationen ein, so wird sich Ihr Geschmacksempfinden verändern und Ihr Körper wird auf einmal imstande sein, Ihr wahres Idealgewicht festzustellen und es Wirklichkeit werden zu lassen!

Geistige Übung zur Programmierung gegen Süßigkeiten

Lesen Sie bitte erst die gesamte Übung, bevor Sie damit anfangen!

Nehmen Sie zuallererst zwei Stücke Ihrer bevorzugten Süßigkeit. Setzen Sie sich nun auf Ihren Lieblingsstuhl, stellen Sie die Füße flach auf den Boden und atmen Sie drei Mal tief durch.

Nehmen Sie nun ein Stück Süßigkeit und riechen Sie daran. Konzentrieren Sie sich ganz und gar auf den Geruch, machen Sie ihn sich vollkommen bewusst. Probieren Sie mit der Zungenspitze ein wenig von der Süßigkeit.

Nehmen Sie ein Stückchen davon in den Mund und kosten Sie seinen Geschmack vollständig aus – nehmen Sie ihn mit alle Ihren Geschmacksknospen wahr! Seien Sie sich – zunächst auf dieser Bewusstseinsebene – vollkommen der Geschmacksempfindung in Ihrem Mund bewusst. Halten Sie sich nun die Nase zu und schauen Sie, was mit dem Geschmack geschieht. Hat Ihr Geruchssinn irgendetwas mit dem Schmecken der Süßigkeit zu tun? Stellen Sie genau fest, welche Geschmackskomponenten verschwunden und welche noch vorhanden sind.

Nun versenken Sie sich in den Alphazustand Ihres Bewusstseins. Dazu folgen Sie den auf Seite 73ff. beschriebenen Schritten 1 bis 11. Dann geht es weiter:

12. Wenn Sie an Ihrem ganz persönlichen »Signal« erkennen, dass Sie sich tief entspannt im Zustand des Alphabewusstseins befinden, kann der zweite Teil Ihrer Umprogrammierung beginnen. Nehmen Sie das zweite Stück Süßigkeit in den Mund und kosten Sie wiederum den Geschmack voll aus, nehmen Sie ihn mit all Ihren Geschmacksknospen wahr. Seien Sie sich der Geschmacksempfindung in Ihrem ganzen Mund bewusst. Stellen Sie die außerordentliche Süße fest, den abstoßend süßen Geschmack. Er ist geradezu ekelerregend süß.
13. Halten Sie sich nun die Nase zu und schauen Sie, was mit dem Geschmack passiert. Ist der Geschmack der Süßigkeit verflogen? Bleibt nur noch eine sandige, schmierige oder wachsartige Empfindung in Ihrem Mund? Oder schmeckt die Süßigkeit vielleicht nur noch nach Pappe?
14. Benutzen Sie nun Ihre schöpferische Vorstellungskraft, um sich für alle Zukunft gegen Süßigkeiten zu programmieren. Sehen Sie sich selbst, wie Sie sich der abstoßenden süßen Geschmacksempfindung vollkommen bewusst sind und *nein* sagen – nicht das geringste Verlangen mehr danach verspüren, so etwas in den Mund zu nehmen. Verbringen Sie einige Minuten damit, sich diese Situation in allen Einzelheiten vorzustellen und zu verinnerlichen – sowohl das vorgestellte Bild als auch den wahrgenommenen Geschmack. Sprechen Sie dann

drei Mal hintereinander aus: *»Ich mag mich selbst bedingungslos!«*

15. Strecken Sie nun langsam die Arme aus, dehnen Sie sie über den Kopf und verlassen Sie den Alphazustand Ihres Bewusstseins. Kehren Sie wieder zum Betazustand des Wachbewusstseins zurück.

Sie haben sich nun gegen Süßigkeiten programmiert. An Ihrem anschließenden Verhalten gegenüber Süßigkeiten können Sie nun selbst ablesen, ob bereits diese erste Durchführung der Übung genügte. Sollte dies nicht der Fall sein, so wiederholen Sie sie so oft, bis der erwünschte Erfolg sich einstellt und auch das letzte Restchen Verlangen nach Süßem vollständig ausgelöscht ist.

Geistige Übung zur Programmierung gegen Kohlehydrate und für Proteine

Lesen Sie die ganze Übung, bevor Sie damit anfangen!

Nehmen Sie zwei Kartoffelchips oder Pommes frites (oder was Sie sonst an kohlehydratreichen Speisen bevorzugen) in die Hand. Riechen Sie daran, machen Sie sich den Geruch vollkommen bewusst. Lecken Sie mit der Zungenspitze daran, dann nehmen Sie nun einen – sagen wir – Kartoffelchip in den Mund und kosten Sie den Geschmack voll aus, mit allen Ihnen zu Gebote stehenden sinnlichen Fähigkeiten. Setzen Sie alle Geschmacksknospen Ihrer Zunge und Ihres übrigen Mundes zu diesem Zweck ein. Seien Sie sich – in diesem wachbewussten Zustand – völlig des Geschmacks in Ihrem Mund bewusst. Halten Sie sich nun die Nase zu und sehen Sie, was mit dem Geschmack geschieht.

Nun versenken Sie sich in den Alphazustand Ihres Bewusstseins, dazu folgen Sie den auf Seite 73 ff. beschriebenen Schritten 1 bis 11. Dann geht es weiter:

12. Nun können Sie mit dem Geschmackstest beginnen. Legen Sie Ihren Kartoffelchip auf die Zunge und kosten Sie ihn. Schmecken Sie ihn mit allem, was Ihnen dafür im Mund zur Verfügung steht – seien Sie sich des Geschmacks vollkommen bewusst. Stellen Sie fest, wie viele verschiedene Geschmacksnuancen Sie unterscheiden können. Beißen Sie jetzt zu und achten Sie auf das krachende Geräusch, das dadurch entsteht. Riechen Sie den Kartoffelchip in Ihrem Mund und stellen Sie fest, ob der Geruch den Geschmack klarer ausprägt und intensiviert.
13. Vergegenwärtigen Sie sich, dass Kartoffelchips, Pommes frites und Teigwaren fast nur aus Kohlehydraten bestehen, die einen höchst geringen Nährwert besitzen. Von jetzt an werden alle Lebensmittel, die nur aus Kohlehydraten bestehen, einen pappigen, faden Geschmack haben und des-

halb keinerlei Reiz mehr auf Sie ausüben. Programmieren Sie sich, diesen faden Geschmack festzustellen, machen Sie sich bewusst, wie sehr er Sie an Pappe erinnert, und zwar ganz besonders dann, wenn Sie sich die Nase zuhalten und keinen Geruch mehr wahrnehmen können.

14. Programmieren Sie sich jetzt, indem Sie Ihre schöpferische Vorstellungskraft benutzen: Sehen Sie sich selbst am Mittagstisch sitzen und *nein* zu jeder Speise sagen, die aus reinen Kohlehydraten besteht. Sie bleiben sich dabei immer der Tatsache vollkommen bewusst, dass Nudeln, Pommes frites und Brot aus weißem Mehl – wenn Sie es essen würden – ja ohnehin nur nach fader Pappe schmeckten.
15. Setzen Sie Ihre Umprogrammierung fort. Sie erkennen, dass proteinreiche Speisen wie Eier, Käse und Fleisch Ihr Appetit- beziehungsweise Ihr Sättigungszentrum ausgewogen beanspruchen und dadurch übermäßigen Hunger verhindern. Doch darüber hinaus schmecken sie Ihnen ganz ausgezeichnet und geben Ihnen einen Schuss zusätzlicher Energie. Diese Nahrungsmittel werden Sie zu einem dynamischen Menschen machen, voller Vitalität und Tatendrang, der sein Leben in vollen Zügen genießen kann.
16. Sie sehen sich nun an Ihrem Tisch sitzen und mit Genuss einen gemischten Salat zubereiten. Sie

sehen ganz deutlich frische grüne Salatblätter, knackige Streifchen Sellerie, hellgrüne Scheibchen Gurke und leuchtend rote, mit Kresse bestreute Tomatenstücke. Vielleicht mögen Sie auch fein geschnittene frische Radieschen oder knackige Karotten? Fügen Sie nach Belieben Gemüse Ihrer Wahl hinzu! Dann mischen Sie diesen Salat mit einer Soße nach Ihrem Geschmack und garnieren ihn anschließend mit Käsestreifchen, Schinken und gekochten Eiern – ganz wie Sie möchten.

17. Während Sie diesen Salat essen, fühlen Sie, wie sich jeder Bissen in Ihrem Körper in schiere Lebenskraft und Energie verwandelt. Dieser »Brennstoff« dringt als reine Gesundheit in jede einzelne Ihrer Körperzellen. Stellen Sie sich dies bildlich einige Sekunden lang vor und versuchen Sie, alle unterschiedlichen Geschmacksempfindungen auszukosten.
18. Bevor Sie den Alphazustand wieder verlassen, sprechen Sie abschließend unsere »Worte der Macht« drei Mal hintereinander aus: *»Ich mag mich selbst bedingungslos!«*
19. Strecken und dehnen Sie jetzt Ihre Arme und spannen Sie all Ihre Muskeln. Sie kehren damit zum Betazustand des Wachbewusstseins zurück.

Geistige Übung zur Feststellung Ihres persönlichen Idealgewichts

Indem Sie sich mit Hilfe unserer Entspannungsübung in den Alphazustand versetzen, wird Ihr Unterbewusstsein imstande sein, Ihr Idealgewicht festzustellen. Ihr Unterbewusstsein kennt Sie sehr viel besser als alle Ihre Freunde und Verwandten, Ihr Arzt oder gar Sie selbst. Wenn Sie Ihrem Unterbewusstsein gestatten, mit Ihnen zu »sprechen«, werden Sie sehr viele nützliche Informationen über sich selbst erhalten. Doch die einzige Methode, um ein solches »Gespräch« zustande kommen zu lassen, besteht darin, sich in den Alphazustand zu versetzen, der eine solche »Zwiesprache« ermöglicht.

Dazu absolvieren Sie die auf Seite 73ff. beschriebenen Schritte 1 bis 11. Dann geht es weiter:

12. Wenn Sie sich im Alphazustand befinden, sehen Sie mit Hilfe Ihrer schöpferischen Vorstellungskraft eine große, altmodische Waage vor Ihrem geistigen Auge. Der Zeiger steht noch auf Null. Sie machen einen Schritt nach vorn und stellen sich auf die Waage. Sie sehen sich jetzt selbst auf der Waage stehen und sehen, wie sich der Zeiger allmählich von der Null wegbewegt. Sie schauen genau hin, Sie sehen zu, wie der Zeiger langsam über die Zahlen gleitet. Er hält bei einer Zahl inne, bewegt sich

dann wieder ein wenig zurück und pendelt sich schließlich ein: Das ist Ihr Idealgewicht! Es kann mit dem von Ihnen im Zustand des Wachbewusstseins ausgesuchten Idealgewicht übereinstimmen – es kann aber auch völlig davon abweichen. Sollte letzteres der Fall sein, dann bedenken Sie bitte, dass Ihr Unterbewusstsein Sie weit besser kennt als Sie selbst. Zeigt die Waage großes Übergewicht an, dann verweist das darauf, dass Sie Überzeugungen hegen und dem Unterbewusstsein eingeprägt haben, die Sie am Abnehmen hindern.

13. Strecken und dehnen Sie jetzt Ihre Arme und kehren Sie aus dem Alphazustand in das Wachbewusstsein zurück.

Weitere Schlankheitstipps

»Schlanke« Küche

Wenn die Neuprogrammierung Ihres Geistes erst einmal abgeschlossen ist, werden Sie schwere, fett- und kohlehydratreiche Speisen sicherlich ablehnen und nach Alternativen suchen. Die folgenden Vorschläge können dann den Grundstein für eine völlige Umstellung Ihrer Kochgewohnheiten ergeben.

»Schlanke« Küche bedeutet, gesunde, natürliche, fettarme Speisen zu verarbeiten und mit Fett, Zucker und anderen Dickmachern zu knausern. Es bedeutet auch, kein Geld für Teigwaren, gehaltvolle Soßen und Kuchen zu vergeuden. Verwenden Sie mageres Fleisch, mageren Fisch und Geflügel – und als Vegetarier hochwertigen Fleischersatz. Essen Sie viel frisches Obst und Gemüse und trinken Sie fettarme Milch. Reichern Sie den Geschmack Ihrer Speisen mit vielen frischen Kräutern an. Verwenden Sie anstelle von Zucker Honig oder Sirup. Bei Fleisch entfernen Sie das Fett vor dem Kochen so weit wie möglich und nach dem Braten oder Schmoren gießen Sie das Fett ab.

Einige zusätzliche Affirmationen

Die folgenden wirksamen Suggestionen werden Sie bei Ihrer Umprogrammierung unterstützen. Sie sollten sie insbesondere während der Entspannungsübungen laut aussprechen und sie auf Kärtchen schreiben und an »strategisch günstigen« Stellen in Ihrer Wohnung anbringen.

- »Jetzt mag und esse ich nur noch gute, nährstoffreiche, kalorienarme Kost.«

- »Es ist schön und leicht für mich abzunehmen.«

- »Ich nehme erfolgreich ab: voller Freude, Mut, Zuversicht und Beharrlichkeit.«

- »Ich denke immer nur in höchst positiver, erfreulicher Weise an mich selbst.«

- »Ich erreiche mein Idealgewicht und kann es mit Leichtigkeit beibehalten.«

- »Wenigstens zwei Mal am Tag versetze ich mich in den Alphazustand und benutze meine kreative Vorstellungskraft, um mir meinen Idealkörper einzuprägen.«

Eine Diät für die 21 Tage der Neuprogrammierung

Ich habe Ihnen versprochen, dass bei unserem Programm die *bewusste* Einhaltung jeglicher Diät überflüssig wird – und ich bleibe bei meinem Wort. Wenn Sie es allerdings mit einer Ernährungsumstellung schaffen könnten, schon während der Anlaufphase einen gewissen »Vorsprung« herauszuarbeiten, würde das natürlich die Neuprogrammierung beträchtlich erleichtern.

Ich schlage Ihnen also eine proteinreiche, kalorien- und kohlehydratarme Diät vor. Sobald Sie Ihre Programmierung abgeschlossen haben, können Sie wieder zu anderer Kost übergehen. Doch da unsere Diät in vielfacher Hinsicht Ihr Vorhaben unterstützt, sollten Sie versuchen, sie wenigstens bis dahin konsequent einzuhalten.

Proteine

Essen Sie täglich 250 Gramm mageres Fleisch, Fisch oder Geflügel, beispielsweise Hühnerbrust (ohne Haut), Kalbsleber, mageres Kalbfleisch, Fisch, Rindergehacktes – und zusätzlich ein Ei.

Gemüse

Essen Sie zwei Mal täglich eines oder mehrere der folgenden Gemüse:

- Spargel, Sellerie, Spinat, Chicoree,
- Tomaten, Zwiebeln, Pilze,
- Erbsen, grüne Bohnen, Sojabohnensprossen,
- Fenchel, Zucchini,
- Kohl, Chinakohl.

Täglicher Salat

- 1 Tasse Spinatblätter mit rohen Pilzen oder
- 1 Tasse Salat

Nehmen Sie dazu ein Diät-Dressing (wie zum Beispiel: 2 Esslöffel Apfelessig und 1 Esslöffel Färberdistelöl mit 6 Gramm Fruktose gemischt).

Gewürze

Verwenden Sie jede Art von Kräutern, frisch oder getrocknet, ferner:

- Saft einer Zitrone (täglich)
- Essig und Öl
- Salz in Maßen
- Fruktose (12 Gramm täglich).

Getreideprodukte

Essen Sie täglich eines der folgenden Produkte:

- 1 Zwieback
- 1 Scheibe Toast
- 1/2 Scheibe Roggenbrot
- 1/4 Tasse Weizenkeime

Getränke

- Ungesüßte Obstsäfte
- Kaffee oder Tee (ohne Zucker; Süßstoff ist möglich)
- Brühe
- Viel Mineralwasser (6 bis 8 Gläser täglich)

Zusatzpräparate

- Lezithin – 2 Teelöffel täglich
- Kalziumtabletten
- Vitamin C und E
- Multivitamin-Mineralstoffkomplex – eine Kapsel täglich

Vita

Elsye Birkenshaw ist in Dortmund geboren, lebt und arbeitet als Therapeutin und psychologische Beraterin in den USA.

pickup
Dieter Grabbe
Dinner Cancelling
In 14 Tagen 5 Kilo leichter